古代歷史文化^{研究}輯刊

二二編

王明蓀 主編

第 **22** 冊

黃慎的書畫藝術研究（上）

陳源麟 著

國家圖書館出版品預行編目資料

黃慎的書畫藝術研究（上）／陳源麟 著 — 初版 — 新北市：花
木蘭文化事業有限公司，2019〔民 108〕
目 2+194 面；19×26 公分
（古代歷史文化研究輯刊 二二編；第 22 冊）
ISBN 978-986-485-916-0（精裝）
1.（清）黃慎 2. 書畫 3. 藝術評論
618   108011827

ISBN-978-986-485-916-0

9 789864 859160

古代歷史文化研究輯刊
二二編　第二二冊　　　　　　ISBN：978-986-485-916-0

黃慎的書畫藝術研究（上）

作　　　者　陳源麟
主　　　編　王明蓀
總 編 輯　杜潔祥
副總編輯　楊嘉樂
編　　　輯　許郁翎、王筑、張雅淋　美術編輯　陳逸婷
出　　　版　花木蘭文化事業有限公司
發 行 人　高小娟
聯絡地址　235 新北市中和區中安街七二號十三樓
　　　　　　電話：02-2923-1455／傳真：02-2923-1452
網　　　址　http://www.huamulan.tw 信箱 hml 810518@gmail.com
印　　　刷　普羅文化出版廣告事業
初　　　版　2019 年 9 月
全書字數　159697 字
定　　　價　二二編 25 冊（精裝）台幣 63,000 元　　版權所有 · 請勿翻印

黃愼的書畫藝術研究（上）

陳源麟　著

作者簡介

陳源麟，1971 年出生於桃園
學歷：
國立台灣藝術大學美術系
國立台灣藝術大學書畫藝術學系　碩士
青溪國中美術教師

提　　要

　　本文主旨探討黃慎的繪畫與書法；清代揚州八怪，以求新求變，抒發個人情思，強調自我藝術風格，開創清代繪畫的新氣象。揚州八怪中的黃慎，以當時一般畫家較少入畫之題材創作，突破文人畫取材局限，在人物、山水、花鳥、走獸成就均可觀，尤以人物畫在揚州八怪中可稱冠，其草書亦有一番情趣。本文先就黃慎的繪畫與書法作品圖錄收集歸納彙整，編號製表，有紀年作品編為附錄一，無紀年作品編為附錄二，再將同類作品做一比對，試釐清黃慎各時期書畫風格轉變。

　　本書以五個章節來探討黃慎的繪畫與書法。

　　第一章主要是說明引發研究黃慎的書畫藝術動機、目的、方法與主要引用資料內容分析。

　　第二章是針對黃慎生平事略、交遊情形、墨緣傳承與繪畫事業開展過程作一彙整。

　　第三章黃慎創作大觀，依畫作題材內容分類探討，圖文並列，將每類題材表現特色，作一歸整。

　　第四章以黃慎的美學觀、筆墨線質變化、構圖造型探討其創作理念與藝術風格。

　　第五章為本文的結論。

目

次

第一章 緒 論

一、研究動機

黃愼所處的背景爲中國封建制度逐漸解體崩解，社會思潮劇烈變動，資本主義興盛，富商崛起的清代康熙、雍正與乾隆三朝。此時發展出與傳統人文畫家審美趣味相異的藝術表現形式，傳統人文畫家以自娛遣興，表達己身情性涵養爲主體，表現作品與現實世界脫節，繪畫風格更與當時社會、經濟無法接軌。清代揚州八怪，以求新求變，抒發個人情思，強調自我藝術風格，開創清代中期繪畫的新氣象。而揚州八怪中的黃愼，以當時一般畫家較少表現之題材入畫，突破文人畫取材之局限，在人物、山水、花鳥、走獸成就均可觀，尤以人物畫在揚州八怪中可稱冠，其草書亦可自成一家。

黃愼自許爲職業畫家，往昔中國繪畫史論對黃愼的評論，好的一面是「筆意縱橫排奡、氣象雄偉」，負面的則是以「筆過傷韻」、「格調甜俗」、「惡俗」視之。過往以文人畫立意標準來檢視黃愼一類職業畫家的作品，不論其題材豐富，筆墨形式表現靈活，繪畫過程抒發情性，皆會被視爲「俗」的格調。然而，以現今時空背景看來，此類觀點有重新審思必要。

二、研究目的

清代揚州八怪中，黃愼出身貧苦，終身以繪畫謀生，不曾有青雲志，以職業畫家自名，尤人物畫最精，山水及花鳥畫兼擅，書法亦有可觀，然歷來被美術史論評斷不多，褒貶的爭議卻多，一方面認爲是俗，另一面認爲是雅，

兩極化的評論同時出現在黃愼身上，當然與論斷的時空背景及審美品味有關。黃愼的人物圖式，不論是歷史故事人物、神話傳說、文人、仕女皆可感受到其平易近人，溫馨可親的趣味，的確合乎普羅大眾審美品味取向，然此「諧俗」的選擇是「庸俗」的表現或雅俗融合後的結果「雅俗共賞」，爲本文要探討的目之一。

其二以黃愼人物畫、花鳥畫、山水畫及書法做一有系統的歸納，以紀年及未紀年分類，將黃愼書畫作品紀年及未紀年中題材，筆墨形式與構成作一比對分析，進一步以黃愼「草書入畫」豐富自身藝術面貌，探討草書入畫過程與形式。期能釐清黃愼創作理念與藝術風格，分析其筆墨線質變化與構圖造型，試爲黃愼在中國寫意人物畫史上尋求適當定位與影響。

黃愼晚期以草書筆法入畫，用粗筆大寫意寫人物衣紋造型，橫塗直抹，氣勢磅礡，線條跌宕起伏，粗筆重墨，極爲率意。此種粗筆大寫意呈現雄強渾厚，略帶張揚的作品風格，在閩地一帶流傳甚廣，且黃愼本身又出於福建，故近代學界都以受黃愼畫風影響之作品稱爲「閩習」，本文嘗試就「閩習」對清代福建與臺灣書畫界影響作一探討。

三、研究內容

（一）研究重點

1. 黃愼的詩集及題畫詩摘錄

黃愼一生並無繪畫理論的專書，從其《蛟湖詩鈔》亦少見其詩作對藝術創作理念的抒發與析論，僅能在黃愼題畫詩及同代人的論述中，對黃瘦瓢藝術創作情思略窺一二。其創作觀點、審美趣味、書畫學習過程及方法皆載於其詩文與友人論述中，這些論述可以幫助我們更清楚黃愼創作情思及藝術風格變化。

2. 黃愼的繪畫作品分析

（1）人物畫

（2）花鳥畫、山水畫

3. 黃愼書法作品分析

（1）楷書與草書構成

（2）章法佈局

4. 黃愼與閩習關係

（二）研究範圍

　　以黃慎人物畫、花鳥畫、山水畫及書法作品爲主要範圍，就黃慎書畫作品構成、筆墨形式加以分析，輔以黃慎詩文及友人論述，以探得黃慎創作理念與情思。另以職業畫家身份，其審美觀雅俗轉變之情形，最後將黃慎、閩習和清代臺灣書畫的關係作一探討。

四、研究方法

（一）文獻分析法

　　將所收集黃慎的書論、畫論、詩文集、傳記，美學思想，相關論文，雜誌期刊逐一分類、分析、歸納及應用。

（二）圖像觀察法

　　從收集的黃慎繪畫、題畫詩與書法資料中，相同或相異風格排比，去釐清黃慎各時期書畫風格轉變。

（三）統合歸納法

　　進行各時期的研究資料比較、研究歸納出黃慎創作情思理念與美學思想。

五、主要引用資料

1.《揚州八怪詩文集》黃慎著　丘幼宣校點

　　全書共分爲《蛟湖詩鈔》與《黃慎集外詩文》二部分，《蛟湖詩鈔》黃慎撰，爲黃慎個人詩集，分爲四卷，卷一爲三四五七言古體，收錄八十一首；卷二爲五言古詩，收錄九十一首；卷三爲七言律詩，收錄九十二首；卷四爲七言絕句，收錄七十五首，共收錄詩文三百三十九首。《黃慎集外詩文》是錄自黃慎書畫作品上的題詩及題記約一百三十四則。黃慎書論與畫論見載不多，其藝術思想與美學理論多散見其詩文中，本書對於了解黃慎書畫理論及創作思維助益甚多。

2.《揚州畫派書畫全集・黃慎》張萬夫編輯

　　此爲目前坊間出版較爲清晰之黃慎書畫作品集，內有圖錄三百零四件，爲本論文主要參考引用圖片，後附有丘幼宣撰黃慎年譜。

3.《黃慎書畫集》殷德儉編輯

　　以《揚州畫派書畫全集・黃慎》一書圖錄爲基礎，再新收入書中七件黃

慎作品。

4.《黃慎研究》丘幼宣著

全書共分爲七部份，包括：黃慎年譜、黃慎評傳、考辨論文、黃慎繪畫過眼錄、黃慎書畫目錄、黃慎集外詩文、今昔諸家論黃慎、後記。爲目前較全面蒐集黃慎資料專書。

5.《黃慎繪畫之研究》鄭熙楨著（臺灣師範大學碩士論文）

本書共分六章：緒論、揚州八怪興起的時代背景、黃慎之生平事蹟、黃慎繪畫創作思想與風格特色、有關黃慎的藝術評價及對後世影響、結論。唯其在黃慎書法及「閩習」對臺灣影響探討不多，我將對此進一步探討。

6.《從「以書入畫」理論談黃慎書法》吳忠煌著（中國文化大學碩士論文）

此書係以「以書入畫」爲主要切入點，探討黃慎書法藝術成就。全書共分七章，緒論、黃慎與揚州八怪、黃慎生平與交遊、黃慎書畫淵源及其理念、「以書入畫」探析、黃慎書法之藝術成就與結論，全書一百五十四頁，論及黃慎書法部分有二十四頁，我將在此基礎上進一步探討黃慎書法藝術。

7.《揚州八怪現存畫目》王鳳珠、周積寅編

本書收集清代「揚州八怪」十五家的現存繪畫作品八千餘件的目錄，黃慎作品目錄約收七百餘件，在收集黃慎作品圖錄及編寫黃慎書畫作品編年表時，本書提供了主要參考方向。

8.《揚州八怪年譜》卞孝萱主編

本書共分爲上、下二冊，爲揚州八家年譜，按各畫家分類，黃慎部分在上冊，記載黃慎歷年年譜，生卒年、世系家譜，歷年創作作品，爲編寫黃慎年譜重要資料。

9.《揚州八怪書法印章選》編著

此書收錄黃慎書法作品四十三件，包含中堂、對聯、冊頁、繪畫作品款文；黃慎用印共五十九方，對黃慎作品辨僞助益甚多。

10.《東海布衣　黃慎傳》張萬才著

作者以《黃慎年譜》爲基礎，輔以歷史評述採傳記小說筆法撰寫，對於瞭解黃慎當時藝壇交遊事跡頗有助益。

第二章　黃愼的生平與交遊

第一節　黃愼的家世

　　康熙、雍正、乾隆為清代的盛世，在政治上仍大興文字獄，當時商業經濟發達，文化藝術風氣較開放之地，首推揚州。揚州有優越的地理條件，居全國南北中心，近東海，全國各地的商品與農產品皆在此雲集交易轉運，在揚州各項商業類型中，則以鹽商為文化藝術活動的主要贊助者，他們仿傚文人主持風雅活動，廣交藝文界朋友，與文人、書畫家密切往來，以雄厚的財力在經濟上給予資助，有豐厚經濟實力作後盾，使揚州在文化藝術上大放異彩，而富商雅好文藝，除了附庸風雅，提升社會位階外，同時也帶動了整個揚州繪畫市場興盛，活躍了揚州藝文氣氛，進一步使揚州市民成為消費藝術品的主體，讓揚州文藝活動更加熱烈。

　　揚州繁榮的繪畫市場，提供了龐大的文藝消費群，優渥的創作環境吸引全國各地優秀的藝術家匯集於此，石濤及揚州八怪中的鄭板橋、金農、李方膺、李鱓、羅聘等，皆被揚州興盛的繪畫市場所吸納前來鬻畫，黃愼自名為職業畫家，同樣也被繁榮的揚州文藝活動吸引前來至此。在揚州八怪中，以「布衣」終身的人物，黃愼的情況是頗為獨特的，相較李鱓、汪士愼、金農及鄭燮出生於富裕家庭或書香門第，黃愼可謂出於貧苦，少年即學「寫真」養家餬口，後又勤讀詩書，充實文人素養，將文人審美趣味與民間普羅大眾美學觀交融，創造出個人風格獨特的作品，在清代繪畫史上佔有一席之地。

　　黃愼（1687～1770），生於康熙二十六年，與金農同年生，初名盛，字公

戀，又作躬戀、恭戀，別號東海布衣、癭瓢山人，又稱癭瓢及癭瓢子。黃慎的家鄉是福建武夷山的寧化縣，其四面環山，崇山峻嶺，位於福建與江西的交界處，附近有翠華山及蛟湖，黃慎曾在詩中對其故鄉描述：「家住翠華麓之下，蛟湖叫斷杜鵑夜。」〔註1〕，黃慎詩集也用故鄉命名，謂《蛟湖詩鈔》。

黃慎從小聰穎「四歲分梨亦知讓，七歲畫灰亦知書」〔註2〕，其家貧，父母無法供黃慎進私塾就學，接受正規的教育陶染。黃慎的父親爲改善家貧經濟狀況，赴外地謀生，竟客死異鄉，王步青在〈書黃母節孝略〉文中提到：

> 母曾氏，閩寧化黃巨山妻。巨山少讀書，貧不克養父母，既壯，謀治生，遊楚，歲在康熙戊寅。是時母年二十九，子慎十二，女二，幼。次子達，方娠，巨山去五月生。母上念事舅姑，子女四，勉待巨山兩年，竟客死……歲屢祲，母困，日夜勤女紅，旁課二子讀。刀尺聲嘗達旦，鄰婦傷之。旦則以所成命兒子操入市，鬻以得米，爲食進舅姑，雜糠核作糜飼子女。〔註3〕

黃慎父親過世，家中狀況更爲悲慘，生活重擔落在其母與黃慎身上，黃慎在詩中曾記載過年少家貧困頓的情狀：

> 此生足可惜，此志何能嘗。念昔齠齡日，記誦不能忘。自命昂藏意，何用而不藏。那知歲無幾，焦勞不可量。天地降以災，厄我靈椿傷。母也守殘疴，午夜歷冰霜。我年一十四，兩妹相繼殤。幼弟在襁褓，失乳兼絕糧。〔註4〕

黃慎年幼家貧，其童年經歷生活困頓的經驗，對黃慎往後創作題材的選擇、雅俗審美觀經驗及藝術商品化貼近普羅大眾的手法，都有一定的影響。

第二節　早期勤寫眞、讀詩書

黃慎的家庭原本就貧苦，加以天災降臨，生活情狀更加拮据，生活僅靠黃慎母維持，逼不得已，身爲家中長子的黃慎只好學一技之長以改善家計，根據許齊卓所作《癭瓢人小傳》中記載，黃慎自幼即展現繪畫天份，他說黃

〔註1〕黃慎著、丘幼宣點校：《揚州八怪詩文集　蛟湖詩鈔》，南京，江蘇美術出版社出版，1987年8月1日，16頁。

〔註2〕黃慎著、丘幼宣點校：《揚州八怪詩文集　蛟湖詩鈔》，29頁。

〔註3〕王步青：〈己山先生文集〉卷六，刊於丘幼宣著：《一代畫聖黃慎研究》，福州，福建教育出版社出版，2002年9月，975頁。

〔註4〕黃慎著、丘幼宣點校：《揚州八怪詩文集　蛟湖詩鈔》，21頁。

慎：「性穎慧，工繪事。」〔註5〕。當黃慎要以一技之長餬口時，選擇以繪畫謀生。據王步清爲黃慎《蛟湖詩鈔》詩集的序中提到：

> 某之爲是，非得已也。某幼而孤，母苦節，辛勤萬狀。撫某既成人，
> 念無以存活，命某學畫；又念惟寫眞易諧俗，遂專爲之。〔註6〕

黃慎母命其學寫眞，主要是「諧俗」，易爲普羅大眾所接受，更意謂有廣大的市場需求，黃慎本身「性穎慧，工繪事」不用數年，習寫眞便有成，且能憑己之力以寫眞供養母親，此時黃慎以能「鬻畫供母，自免於飢寒。」〔註7〕黃慎也開始繪畫事業的擴展，雖只是諧俗的肖像畫，但肖像畫作爲描繪可辨個體的美術作品，就其功能而言，也通常要求如實地描繪出一個人，表現他最突出的特徵〔註8〕，可惜肖像畫大多未署名，寫眞多爲祖先或家人留影，收藏家多未收藏，很快就湮沒在歷史中，而黃慎亦是，現今可見黃慎爲友人所繪之肖像畫共有五件，以〈6910〉〈丁有煜像〉（圖2-1）〔註9〕爲例，描寫丁有煜坐於石上，雖不是傳統肖像畫正襟危坐，是以兼工帶寫繪出，人物神采奕奕，仍可見黃慎深厚肖像寫實能力。

圖2-1　〈6910〉〈丁有煜像〉

〔註5〕黃慎著、丘幼宣點校：《揚州八怪詩文集　蛟湖詩鈔》，1頁。
〔註6〕黃慎著、丘幼宣點校：《揚州八怪詩文集　蛟湖詩鈔》，5頁。
〔註7〕馬榮祖：《黃節母紀略》，刊於丘幼宣著：《一代畫聖黃慎研究》，974頁。
〔註8〕周晉著：《寫照傳神：晉唐肖像畫研究》，杭州，中國美術學院出版社，2008年3月，5頁。
〔註9〕〈丁有煜像〉，41.7×188.5cm，江蘇南通博物苑藏，出自《癭瓢山人黃慎書畫集》。

　　黃慎在繪畫事業開展後，並未自滿，欲進一步擺脫畫匠習氣，必需追求文學素養，繪畫境界方能更上一層，其母亦教誨：

　　　　兒爲是，良非得已。然吾聞此事，非薰習詩書，有士夫氣韻，一畫
　　　　工技倆耳。詎足親賢達，慰汝父九泉。〔註10〕

詩友張顗望亦告知：「子不能詩，一畫工耳！能詩，則畫亦不俗」〔註11〕而黃慎在學畫過程亦自覺；「予自十四五歲時便學畫，而時時有鶻突於胸者。仰於思，恍然悟，慨然曰，予畫之不工，則以余不讀書之故。」〔註12〕因此，黃慎在爲人畫肖像謀生賺錢外，夜晚則在翠華山上蕭寺寄居，借佛寺光明燈專心勤讀詩書：「取毛詩、三禮、史漢、晉宋間文，杜韓五七言及中晚唐詩，熟讀精思，膏以繼晷。而又於昆蟲草木四時推謝榮枯、歷代制度衣冠禮器，細而至於夔蚿蛇鳳，調調習習，罔不窮厥形狀，按其性情，豁然有得於心，應之於手，而後乃今始可以言畫矣。」〔註13〕而黃慎勤讀詩書，熟曉歷史典故，使創作中言之有物，擴大繪畫題材領域。

　　黃慎師承何家，許齊卓謂其：

　　　　博觀名家筆法，師巧其匠，不名一家，不拘一格。〔註14〕

清涼道人在《聽雨軒筆記》中記載：

　　　　黃慎，字恭壽，號癭瓢子，閩之寧化人，少學同郡上官周，人物、
　　　　花鳥、樓臺盡得。〔註15〕

李斗在《揚州畫舫錄》：

　　　　黃慎，字躬懋，號癭瓢，師上官周爲工筆人物。〔註16〕

　　上官周，字竹莊，號文佐，福建長汀人，工人物、山水畫，人物畫尤精，著《晚笑堂畫傳》〔註17〕（圖2-2、圖2-3），其繪畫風格是以傳統的鐵線描表現人物形態，用線條表現外在的輪廓、比例與結構，同時輪廓線也表現出形體內的質感（圖2-4）〔註18〕。黃慎早期線質的特色，使用工整細緻的傳

〔註10〕王步青：〈己山先生文集〉卷六，刊於丘幼宣著：《一代畫聖黃慎研究》，975頁。
〔註11〕雷鉉：〈聞見偶錄〉，刊於丘幼宣著：《一代畫聖黃慎研究》，978頁。
〔註12〕黃慎著、丘幼宣點校：《揚州八怪詩文集　蛟湖詩鈔》，1頁。
〔註13〕黃慎著、丘幼宣點校：《揚州八怪詩文集　蛟湖詩鈔》，1頁。
〔註14〕黃慎著、丘幼宣點校：《揚州八怪詩文集　蛟湖詩鈔》，1頁。
〔註15〕清涼道人：《聽雨軒筆記》，刊於丘幼宣著：《一代畫聖黃慎研究》，992頁。
〔註16〕李斗：《揚州畫舫錄》，北京，中華書局出版，2007年9月，30頁。
〔註17〕上官周，〈姜詩妻〉、〈班倢妤〉出自《晚笑堂畫傳》。
〔註18〕上官周，〈瑤島僊居〉，出自《敬華2002秋季拍賣會目錄》。

圖 2-2　上官周
《晚笑堂畫傳》〈姜詩妻〉

圖 2-3　上官周
《晚笑堂畫傳》〈班倢伃〉

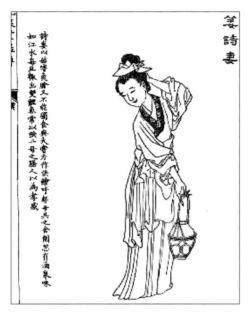

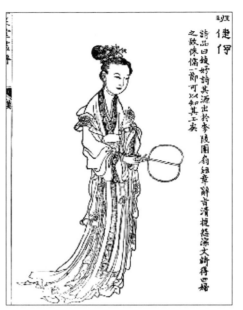

圖 2-4　上官周〈瑤島僊居〉

圖 2-5　上官周〈瑤島僊居〉局部

統鐵線描與游絲描，粗細勻稱，線條寬度變化較小，用筆提按不明顯，線條轉折採用圓弧角度處理較多，與上官周十分相似，而黃慎部分人物畫題材選擇與畫面構成亦有師法上官竹莊痕跡，如蘇武牧羊圖式（圖2-6）〔註19〕在構圖、人物形象與姿態皆與上官周類同，黃慎人物畫中文人形象，如李白造型亦受上官周影響（圖2-8）〔註20〕。

丘幼宣從上官周《晚笑堂竹莊詩集》中〈會瘦瓢山人於綿溪〉一詩，上官周稱黃慎爲瘦瓢山人，以古人稱謂習慣，老師對學生直呼姓名或加門士的字眼，而不以別號相稱，證明黃慎與上官周只是藝友關係，或黃慎持上官周的畫譜臨摹受其風沾染〔註21〕。

圖 2-6　上官周　　　　　圖 2-7　〈6506-4 花〉〔註22〕
《晚笑堂畫傳》〈蘇武〉　　〈蘇武牧羊圖〉局部

〔註19〕上官周，〈蘇武〉出自《晚笑堂畫傳》。
〔註20〕上官周，〈李太白〉出自《晚笑堂畫傳》。
〔註21〕丘幼宣著：《一代畫聖黃慎研究》，402 頁。
〔註22〕〈蘇武牧羊圖〉，179.2×54.4cm，北京市工藝品進出口公司，出自《瘦瓢山人黃慎書畫集》。

圖 2-8　上官周　　　　　　圖 2-9　〈7313 人〉[註23]
《晚笑堂畫傳》〈李太白〉　　〈李白將進酒詩意圖〉局部

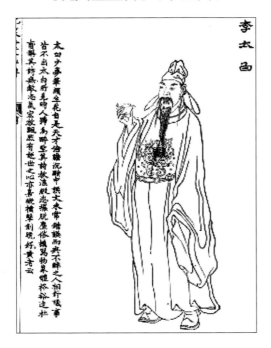

　　不論黃慎與上官周是否有師徒之緣，或是藝友關係，在人物畫題材選擇及造型取捨受上官周《晚笑堂畫傳》影響，是十分明顯的，如黃慎歷史人物圖式中，蘇武、蘇東坡、李白與嚴子陵圖皆與上官周《晚笑堂畫傳》取材或人物形象皆類同；從黃慎早期作品風格看來，線條勁挺，細膩秀雅，瓔瓟早期線條形式與上官周畫風十分接近。此部份黃慎人物畫題材選擇、造型與早期線條，被上官竹莊影響是確定的。

第三節　繪畫事業的開展

一、客居揚州十載

　　黃慎在三十八歲，雍正二年（1724）來到揚州，揚州在清代中期，可謂全國的經濟文化中心，經濟發達藝術產業自然發展熱絡，經濟實力雄厚的揚州富商與揚州市民對藝術的雅好，提供藝術工作者交流切磋的機會與物質生

〔註23〕　〈李白將進酒詩意圖〉，218×119.5cm，出自香港佳士得拍賣會。

活上的保障，黃慎最終選定揚州作爲繪畫事業的起點。

黃慎經過一番努力，不論是「變工爲寫」或「變人物潑墨大寫」〔註24〕將畫技精進或貼近揚州繪畫市場的品味，黃慎在揚州賣畫生意很快被繪畫市場歡迎，據王步青在《蛟湖詩鈔》序中：「外間知之者半以畫。貴人爭迎之，又多以寫眞。」〔註25〕而黃慎爲擺脫畫匠習氣，除了勤讀詩書外，他將具有文人筆調的書法線條運用在其繪畫作品內，「凝思至廢寢忘食者累月，偶見懷素草書眞跡，揣摩久之。行於市，忽然有悟，急借市肆紙筆作畫，拍案笑曰：吾得之矣，一市皆驚。」〔註26〕黃慎在揚州繪畫市場立穩腳步後，「持縑造門者無虛日，揚之人遂咸知有山人之畫。」〔註27〕，生活經濟已見寬裕，於雍正五年（1727）將母親及弟弟接來揚州居住。

二、遊歷各地師造化

黃慎在揚州繪畫事業正步入高峰之時，黃慎母親思鄉心切，待母至孝的黃慎，順從母意於雍正十三年（1735），全家大小，離開揚州，帶著耀煌成就返回故鄉寧化，在其詩中紀錄：「余來往江東，已經十年矣，乙卯春，攜家歸閩，臥故林。」〔註28〕而黃慎回到故鄉安穩的生活不過三年，在揚州賣畫的財富很快就消耗殆盡，故鄉寧化亦無揚州繁榮的書畫市場，黃慎再度離開故鄉，先後到過連城，永安，沙縣，南平，福州，建甌，崇安，尤岩，泉州，廈門等各地賣畫，黃慎的遊歷生活，對江南自然景觀考察，與山水雲霧近距離的接觸，黃慎此階段創造了一系列的山水寫生冊，與四王摹古的僵化風格有別，黃慎對此師造化亦頗有心得與自信，曾在〈騎驢踏雪圖〉上題：「騎驢踏雪爲詩探，送盡春風酒一甋。獨有梅花知我意，冷香猶可較江南。」

黃慎母親於乾隆六年（1741）逝世，奉母至孝的黃慎，請建碑坊外，亦託好友王步青與馬榮祖撰文記載其母事蹟和行誼。黃慎母親過世後，黃慎並沒有安定下來，仍在福建一帶遊歷賣畫，好友楊開鼎任任巡臺御史，邀約黃慎赴臺灣旅遊，時乾隆十四年（1749），後因楊母喪作罷，七年後黃慎在一幅〈7003 禽〉（圖2-10）款文寫上「渡臺不果」，以茲紀念。

〔註24〕謝堃：《書畫所見錄》，刊於丘幼宣著：《一代畫聖——黃慎研究》，996頁。
〔註25〕黃慎著、丘幼宣點校：《揚州八怪詩文集　蛟湖詩鈔》，5頁。
〔註26〕清凉道人：《聽雨軒筆記》，刊於丘幼宣著：《一代畫聖黃慎研究》，992頁。
〔註27〕黃慎著、丘幼宣點校：《揚州八怪詩文集　蛟湖詩鈔》，6頁。
〔註28〕黃慎著、丘幼宣點校：《揚州八怪詩文集　蛟湖詩鈔》，89頁。

圖 2-10
〈7003 禽〉〈三鷺白石圖〉

圖 2-11
〈7003 禽〉款文局部

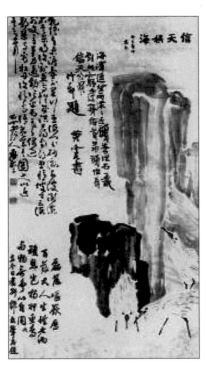

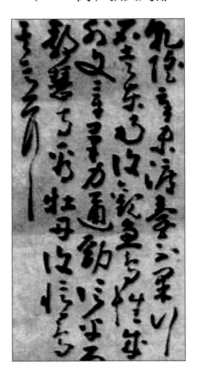

三、重返揚州畫壇

　　黃慎於乾隆十六年（1751）再度回到揚州，雖然闊別揚州已久，六十五歲黃慎畫名仍在，很快回復到昔日揚州的風采，邀黃慎渡臺不成的楊開鼎此時正在揚州，黃慎成為楊開鼎雙松堂的座上客，此階段有部分作品都創作於雙松堂。江南提學使雷翠庭與黃慎以詩唱和，頗有交情，雷翠庭在《蛟湖詩鈔》序中稱黃慎「其字亦如疏影橫斜，蒼藤盤結。然則，謂山人詩中有畫也，可；字中有畫也，亦可。」〔註 29〕可見黃慎當時在揚州文藝社交圈頗受歡迎與敬重。

　　乾隆二十三年（1758），黃慎再度告別揚州，返回故鄉寧化，筆者目前見得黃慎最後一件有紀年的作品圖錄為〈8101 禽〉，據丘幼宣的考證，黃慎卒於故鄉寧化，享年八十四歲〔註 30〕。

〔註 29〕　黃慎著、丘幼宣點校：《揚州八怪詩文集　蛟湖詩鈔》，7 頁。
〔註 30〕　丘幼宣著：《一代畫聖黃慎研究》，2002 年 9 月，195 頁。

四、交遊

黃慎遊歷各地，在福建與揚州間遊走鬻畫，每到一地都與當地詩人與畫友訂交，就職業畫家來說，人際關係的拓展是繪畫事業中重要的一環，人際關係的網路，不僅是朋友間知心的相交，更是另一種形式畫名的通路，誠如王步青《蛟湖詩鈔》序中論：「外界知之者半以畫，貴人爭迎之」〔註31〕。而黃慎並未因此意擇友，雷鋐說黃慎：「山人性脫落，無城府，人多喜從之遊。」〔註32〕許齊卓謂：「山人心地清，天性篤，衣衫褊褸，一切利祿，問之茫如。」〔註33〕按丘幼宣在《黃慎研究》中統計查證，與黃慎交往親戚中，同學，同鄉，朋友計有144人，其中布衣91人，官員24人，舉人6人，進士1人，諸生18人，鹽商2人，方外2人。〔註34〕以下就本論文提到的黃慎友人及黃慎與揚州八怪交遊情形，作一略述。

（一）張顥望

名欽，雍正元年貢生，福建寧化人，為黃慎前輩師友，曾勸黃慎學詩：「子不能詩，一畫工耳！能詩，則畫亦不俗。」，黃慎在其影響下學作詩。

（二）雷鋐

字貫一，號翠庭，清康雍乾時期福建寧化人，雍正年間進士，時任江南提學使與黃慎交遊，為黃慎《蛟湖詩鈔》作序，讚黃慎：「字亦如疏影橫斜，蒼藤盤結。然則謂山人詩中有畫也，可，字中有畫也，亦可。」

（三）汪士慎

字近人，號巢林，又號溪東外史，康雍乾安徽休寧縣人，久寓揚州，工詩及八分書，擅畫梅，為揚州八怪中，最早與黃慎交往，雍正三年黃慎初到揚州期間，汪士慎《陪沈東鄉過黃躬懋城北寓庄》墨跡〔註35〕，詩題中的黃躬懋就是黃慎，此詩留下黃慎初至揚州二人交遊的紀錄。

（四）李鱓

字宗揚，亦字復堂，康雍乾江蘇興化縣人。罷官至揚州賣畫，尤擅花鳥，

〔註31〕黃慎著、丘幼宣點校：《揚州八怪詩文集　蛟湖詩鈔》，5頁。
〔註32〕黃慎著、丘幼宣點校：《揚州八怪詩文集　蛟湖詩鈔》，7頁。
〔註33〕黃慎著、丘幼宣點校：《揚州八怪詩文集　蛟湖詩鈔》，1頁。
〔註34〕丘幼宣著：《一代畫聖黃慎研究》，359頁。
〔註35〕丘幼宣著：《一代畫聖黃慎研究》，369頁。

揚州八怪之一，雍正七年黃慎與李鱓及邊壽民合作〈寫意花果圖〉〔註36〕（圖2-12）。

圖 2-12　黃慎、邊壽民、李鱓合作〈4305 花〉〈花果圖〉

（五）邊壽民

原名維祺，字壽民，以字行，號漸僧，又號葦間居士，康雍乾江蘇山陽縣人。詩書畫二絕，尤擅畫蘆雁，與黃慎、李鱓合作〈寫意花果圖〉贈予陳撰。

（六）鄭燮

字克柔，號板橋，康雍乾江蘇興化縣人。乾隆年間進士，後以開倉賑災，被罷官，於揚州賣畫為生，黃慎與鄭燮於揚州八怪中交情最厚，黃慎亦以鄭板橋詩〈道情〉，創作一草書卷。鄭板橋多次於黃慎作品上題詩，當可見二人友誼深厚。

〔註36〕　〈寫意花果圖〉，蘇州市博物館藏，出自於《揚州八怪畫集》。

第三章　黃慎創作大觀

第一節　人物畫

一、歷史故事

　　黃慎此部分題材多取自歷史典故、歷史人物及文學作品中的人物。目前統計有伯樂相馬、函關紫氣、楚丘見孟嘗君、廉頗負荊、伯牙鼓琴、商山四皓、伏生授經、蘇武牧羊、東方朔盜桃、嚴子陵垂釣、關公、陶淵明讀書、陳子昂碎琴、風塵三俠、杜甫詩意、李白醉酒、李白春夜宴桃李園、白居易《琵琶行》詩意、李鄴侯賞梅、韓琦簪金帶圍圖、林和靖賞梅調鶴、東坡得硯、西山招鶴、陳摶出山等，取材非常廣泛。

（一）東坡賞硯圖

　　以蘇東坡賞硯為繪畫題材相關作品圖錄共收得九件，有紀年者五件，未紀年者四件，此題材取自蘇軾所做〈王定國硯銘〉，東坡居士不僅是北宋時期著名的書畫家，詩人及文學家，在硯石鑑賞上亦有濃厚的興趣，在《東坡文集》中，即有數首讚賞不同硯石之詩文。黃慎在表現東坡賞硯作品構成形式有二種，一種是如作品〈4009 人〉中所見，蘇東坡居畫面右側，臉部及身體朝向左側，雙手捧硯，畫面左側立一小書僮，面向硯石，款文自畫面左側由上題下；另一類型則類〈4805 人〉只有東坡居士一人位於畫面右方，臉部及身體朝向左，雙手捧硯，款文亦是自畫面左上題自左下。

1. 雙人式構圖

此型作品共有三件，分別爲〈4009人〉、〈6502人〉及〈人139〉。此型構圖人物均位於右下方，臉部及身體朝向左側45度，東坡造型爲戴暗色帽，著長袍，頭微低，雙目凝視硯石，表情專注，左手托硯底，右手撫硯堂，黑長鬚垂直胸前；左側小僮，頭綁髮髻，爲側臉，雙眼亦注視東坡居士雙手所捧硯石。

〈4009人〉（圖3-1）〔註1〕以草書題款文「軾年十二時，於所居紗穀行隙地中，與群兒鑿地爲戲。得異石，如魚，膚溫瑩，作淺碧色。表裏皆細星，扣之鏗然。試以爲研，甚發墨，無貯水處。先君曰：是天研也，天研之德，而不卒於形耳。因以賜軾，曰：是家之樣也。軾實而用之，且爲銘曰：一受其成，而不可更，或主於德，或全於形，均此二者，顧予安取。仰唇俯足，世固多有。丙午夏作於廣陵草堂，閩中黃慎。」東坡衣紋造型，輪廓描寫清楚，線條節奏

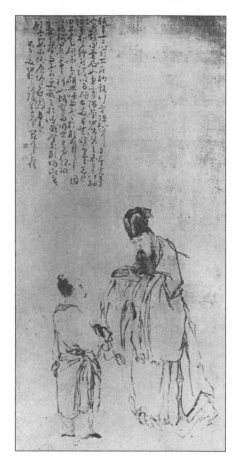

圖 3-1
〈4009人〉〈東坡得硯圖〉

明快，線質較細且乾筆較少，與黃慎雍正年間作品風格頗爲符合。

至於〈6502人〉（圖3-2）〔註2〕款文以草書題「天硯圖，乾隆辛未夏癭瓢子慎寫」蘇東坡臉部鼻子及眼用較粗線條勾勒，在黃慎人物畫兼工帶寫形式中，臉部畫法皆用工細線條描寫，較少見到用粗線勾勒五官，表情生硬，且人物衣紋線條勾勒，部分交待不清，重覆描寫煩雜，東坡背部至腳部線條波折幾乎是等距，爲黃慎此型應酬較差之作。

〈人139〉（圖3-3）〔註3〕款文以草書「與墨爲入，玉靈之食，與水爲出，

〔註1〕〈東坡得硯圖〉紙本，尺寸不詳，出自《癭瓢山人黃慎書畫集》。
〔註2〕〈天硯圖〉，177.2×90cm，揚州市博物館藏，出自《黃慎書畫集》。
〔註3〕〈東坡賞硯圖〉紙本，123.5×65cm，出自《瀚海1999年春季拍賣會目錄》。

陰鑑之液。懿矣茲石，君子之側，匪以玩物，惟以觀德。癭瓢子寫。」人物
線條運筆雖快速，但形體輪廓描繪準確，明暗變化分明，線條輕重有致。

圖 3-2　　　　　　　　　　　　　　　圖 3-3
〈6502 人〉〈天硯圖〉　　　　　　〈人 139〉〈東坡賞硯圖〉

2. 單人式構圖

　　單人式構圖共有六件，其中〈4805 人〉、〈人 064〉及〈人 138〉佈局相似，
東坡皆位於圖右下方〈4805 人〉（圖 3-4）〔註4〕款文與〈人 139〉（圖 3-3）相
同，作品線條乾筆較多，運筆頗速，較重墨線落在兩衣袖處，背部衣紋下擺
頓挫及波折較多，形體輪廓內衣紋線條轉折較圓轉，此表現法在〈人 064〉、

〔註 4〕　〈東坡玩硯圖〉，149×87cm，上海博物館藏，出自《黃慎書畫集》。

〈5102 冊-11〉、〈4904 冊-12〉亦可見。

　　〈人 064〉（圖 3-5）〔註 5〕款題「唐林上人，遺余丹石硯，粲然如芙蕖之出水，發墨而宜筆，盡硯之美。唐氏譜天下硯，而獨不知茲石之所出。予蓋誌之，銘曰：彤池紫淵，出日所浴。蒸爲赤霞以貫暘谷，是生斯珍，非石非玉，因材制用，壁水環復。新予中洲，藝我玄粟，投種則獲，不炊而熟。閩中黃慎寫。」從人物造型線條較細，款文草書單字上下間較少勾連，單字結構筆畫較少拆解的書法風格，應屬雍正年間黃慎早期所作。

圖 3-4
〈4805 人〉〈東坡玩硯圖〉

圖 3-5
〈人 064〉〈東坡銘硯圖〉

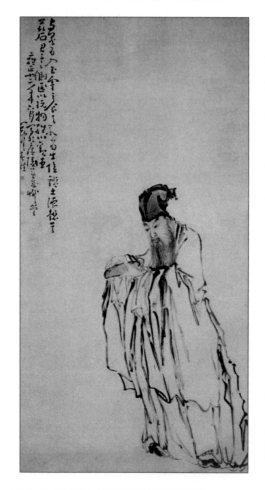 

〔註 5〕　〈東坡銘硯圖〉，159×64cm，江西省博物館藏，出自《中國古代書畫圖目十八》。

　　而〈人138〉（圖3-6）〔註6〕以草書題「石出西山之西，北山之北，戎已發劍，余以試墨，予是以知天下之材，皆可納聖賢之域，癭瓢子慎寫。」是黃慎所繪東坡造型較獨特的一件，此作品東坡造型較為豐腴，且是行進中賞硯，不似其它作品，皆為站立賞硯。

　　〈4904冊-12〉（圖3-7）〔註7〕及〈5102冊-11〉（圖3-8）〔註8〕皆為冊頁形式，二者東坡形象接近；惟〈5102冊-11〉衣紋褶折較多，為絹本，款文以楷書題，與前述〈人139〉（圖3-3）同；〈4904冊-12〉為紙本與前圖比較，本圖東坡帽帶飄至左肩，且款文以草書書寫，款文與〈4009人〉（圖3-1）同。

圖3-6　　　　　　　　圖3-7　〈4904冊-12〉
〈人138〉〈東坡玩硯圖〉　　　〈東坡天硯圖〉局部

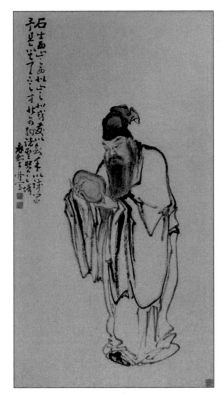 

〔註6〕　〈東坡玩硯圖〉，166×87.5cm，出自《中國嘉德2002秋季拍賣會目錄》。

〔註7〕　〈東坡天硯圖〉，27.9×44.5cm，北京故宮博物院藏，出自《揚州畫派書畫全集・黃慎》。

〔註8〕　〈東坡賞硯圖〉，33.5×24cm，廣東省博物館藏，出自《揚州畫派書畫全集・黃慎》。

圖 3-8
〈5102-11 冊〉〈東坡賞硯圖〉

圖 3-9
〈人 031〉〈端硯銘〉

　　其它如〈人 031〉〔註9〕款文亦是東坡〈品硯銘〉與〈人 139〉（圖 3-3）款文同，畫中人物形象，非東坡，為一老者側面立於畫中右方，雙手捧硯，神情專注品硯，衣紋為較粗線條寫，筆法流暢，衣紋內以淡墨畫墨塊作質感描寫。

　　〈人 160〉〔註10〕本件作品款文亦是東坡〈端硯銘〉，畫中人物共有五位，東坡居中，其餘四人圍繞，目光注視東坡手中奇石，奇石與款文意涵不同，款文亦有落字，人物線條變化單調，皆在轉折處重按後提起，線條筆力較弱，人物拼湊黃慎的麻姑及紫陽真人的造形，背景中樹木的表現法在黃慎畫樹法中較少見，為可疑之作。

　　〈7309 人〉〔註11〕黃慎 73 歲所作〈赤壁夜遊圖〉寫東坡與小僮立於小

〔註 9〕　〈品硯銘〉，122.7×63.8cm，南京博物院藏，出自《揚州畫派書畫全集‧黃慎》。
〔註10〕　〈端硯銘〉，169×91.5cm，出自《北京翰海 2006 春季拍賣會目錄》。
〔註11〕　〈赤壁夜遊圖〉，181.1×52cm，上海博物館藏，出自《兩塗軒書畫集萃》。

舟上遊赤壁，赤壁山石自畫面左斜立於右側，東坡與小僮造型雖小，但形態生動，回首仰望赤壁，右上以草書題：「乾隆己卯春三月寫於靜遠草堂，癭瓢。」

圖 3-10
〈人 160〉〈端硯銘〉（疑）

圖 3-11
〈7309 人〉〈赤壁夜遊圖〉

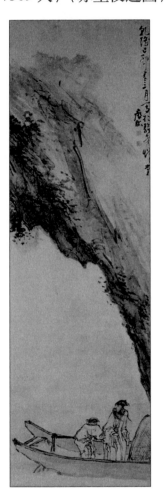

（二）金帶圍圖

金帶圍為揚州所產的一種芍藥，韓琦時任揚州知府，王安石、陳珪及陳升之皆為客，府中芍藥金帶圍開了四枝，四人皆簪花一枝，後四人皆先後任宰相。金帶圍類題材在揚州應屬受歡迎之作，共收得九件圖錄，有紀年者八件，未紀年者一件。

以〈6801 人〉（圖 3-12）〔註 12〕為例，畫面右側上題「韓魏公簪金帶圍圖，乾隆十九年春王正月，癭瓢子愼寫。」韓琦立於畫面中心右側，二侍女立於中心線右側，韓琦 45 度側身向左，雙眼注視侍女手中花盒，右手簪金帶圍於頭巾，左手扶住頭巾，韓琦臉部五官以細線勾勒五官及長鬚，雙袖口以重墨勾線，以較淡且細線表現下垂衣袖，衣袖後以重墨在腰部起筆描繪下半身輪廓，鞋子及頭巾用重墨渲染，韓琦左側侍女，雙手持一手壺，左半身在韓琦身後，另一侍女居畫面左，側身向韓琦，雙手持一花盒，舉自胸前，侍女造型所用線條較細，且衣紋轉折角度較小，二侍女衣服上皆有紋飾。

圖 3-12
〈6801 人〉〈韓公簪金帶圍圖〉

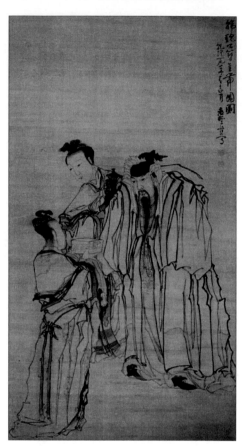

此類作品大多以此「一男二女」的構圖為畫面布局之基調，畫中人物線條明暗變化與墨色濃淡亦十分接近，可見黃愼在創作此型作品時，已有一創作法則，但整體看來似乎缺少了一些變化，不知是繪畫市場上此型作品較受歡迎，抑或索畫者眾，無暇思考不同形式的表現手法，筆者認為此點在黃愼繪畫表現形式上較為缺憾之處。

茲將「金帶圍圖」圖式相異分列於下：

〈6605 人〉（圖 3-13）〔註 13〕構圖及筆墨形式均與〈6801 人〉十分接近，唯款文不同，以草書題「芍藥青紅瓣，而黃腰者號金帶圍，本無常種此花，見則城內之宰相，韓魏公家廣陵，日一出四枝，公選客具宴以賞之，時王岐

〔註 12〕 〈韓公簪金帶圍圖〉紙本，179.3×92.1cm，揚州市博物館藏，出自《黃愼書畫集》。
〔註 13〕 〈韓魏公簪金帶圍圖〉，181.6×100.6cm，中國歷史博物館藏，出自《中國古代書畫圖目一》。

公以高科為倅，王荊公以名士為屬，皆在選，尚關其一，私念有過客召使當之，及暮，報招陳太傅來，亟使，召至乃秀公也，後四公皆入相。」另行題「乾隆十七年中秋節寫於寶蓮堂，癭瓢子慎。」

〈7301 人〉及〈人 091〉畫面左側侍女彎腰雙手捧花盒，且與韓琦距離較大，且二圖在衣紋上波折較少，〈7301 人〉（圖 3-14）〔註 14〕款文以草書寫「韓魏公簪金帶圍圖，乾隆己卯春王月寫於風生草堂，癭瓢黃慎。」〈人 091〉（圖 3-15）〔註 15〕草書款文同〈6605〉（圖 3-13）但款文少最後一句「後四公皆入相」，署「寧化黃慎。」

圖 3-13 〈6605 人〉　　　　　圖 3-14 〈7301 人〉
〈韓魏公簪金帶圍圖〉　　　　〈韓魏公簪金帶圍圖〉

〔註 14〕 〈韓魏公簪金帶圍圖〉，171.5×90cm，出自北京翰海公司 2001 年春季拍賣會。

〔註 15〕 〈廣陵花瑞圖〉，廣州市美術館藏，出自《揚州畫派書畫全集‧黃慎》。

圖 3-15
〈人 091〉〈廣陵花瑞圖〉

圖 3-16
〈7403 人〉〈簪花圖〉

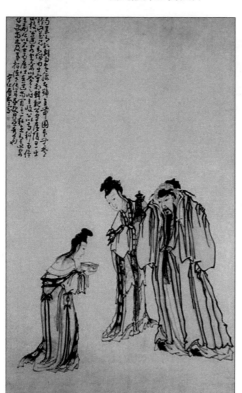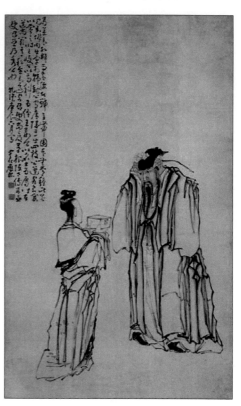

　〈7403 人〉（圖 3-16）〔註 16〕韓琦左側只有一捧花侍女，爲二人式構圖，款文草書同〈6605〉，「乾隆庚辰年六月寫，寧化癭瓢。」

　〈4904 冊-7〉、〈5102 冊-5〉及〈5705 冊-4〉三件作品均冊頁裝，以〈5705冊-3〉（圖 3-17）〔註 17〕較佳，線條流暢，衣服質感描寫自然真實，人物表情生動；〈5102 冊-5〉（圖 3-18）〔註 18〕、〈4904 冊-7〉（圖 3-19）〔註 19〕與〈5705冊-4〉相比較，線條描寫形體衣紋頓挫轉折較刻意，略顯不自然，三件作品均以小楷書款文，內容與〈6605 人〉款文大同小異。

〔註 16〕　〈簪花圖〉，195×112.5cm，出自中貿聖佳 2009 秋季拍賣會。
〔註 17〕　〈韓公簪花圖〉，36.9×28.4cm，南京博物院藏，出自《黃慎書畫集》。
〔註 18〕　〈韓公簪花圖〉，33.5×24cm，廣東省博物館藏，出自《揚州畫派書畫全集・黃慎》。
〔註 19〕　〈韓公簪花圖〉，27.9×44.5cm，北京故宮博物院藏，出自《揚州畫派書畫全集・黃慎》。

圖 3-17
〈5705 冊-3〉〈韓公簪花圖〉

圖 3-18
〈5102 冊-5〉〈韓公簪花圖〉

圖 3-19　　〈4904 冊-7〉〈韓琦簪花圖〉

　　黃慎「金帶圍圖」式的作品除前述論及立軸及冊頁的作品，尚有一件扇面
〈3803 人〉（圖 3-20）〔註20〕為早期的工筆畫作品，雍正二年（1724）黃慎初

〔註20〕　〈金帶圍圖〉，上海博物館藏，出自《揚州畫派》。

到揚州所繪工筆折扇〈金帶圍圖〉，扇面右上角以楷書題：「金帶圍圖，雍正二年秋九月呈趾翁令先生，寧化黃慎寫。」此幅畫面右側韓琦四人圍桌而坐，形成視覺焦點，人物後有一大花壇爲背景，旁有書僮與侍女六人，人物衣紋體態使用中鋒運筆爲主的游絲描與鐵線描，此圖與黃慎乾隆二十七年所作〈李白春夜宴桃李園圖〉構圖布局十分類似，二圖並置，可看出黃慎工筆畫風格及表現技法的轉變，〈3803 人〉（圖 3-20）線條表現手法較似上官周，以線條勾

圖 3-20　〈3803 人〉〈金帶圍圖〉

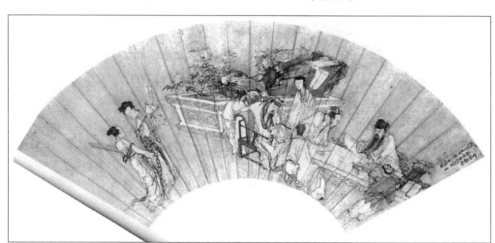

圖 3-21　〈7604 人〉〈李白春夜宴桃李園圖〉

勒人物形象，提按轉折較和緩，而〈7604 人〉（圖 3-21）〔註21〕線質粗細變化較大，用筆提按及遲速較明顯，線條明暗差異較多，人物衣紋造型較簡省。

（三）李鄴侯賞海棠

李鄴侯賞海棠圖式與「金帶圍圖」構成極為相似，為「一男二女」構成，一男一女為主軸，人物正面朝向畫面，一女為從，大多為側身或背面出現。〈6704 人〉（圖 3-22）〔註22〕右上款文以草書題「春風散入鄴侯家，地碾殷雷白草芽；愛煞阿華勞寢寐，分移牆角海棠花。乾隆癸酉立夏寫，寧化瘿瓢子慎。」李鄴侯夫婦及侍女居畫面左下，李鄴侯在右，其妻在左，二人目光專注視面前侍女，背景為太湖石及古樹，人物表情生動，衣紋表現流暢自然。

圖 3-22
〈6704 人〉〈李鄴侯賞海棠圖〉

〈7004 人〉（圖 3-23）〔註23〕中，畫面左上以草書題「乾隆丙子年秋九月，寧化瘿瓢子慎寫。」侍女持花籃側身蹲於畫面左側下方，李鄴侯夫婦居畫面右側，人物衣紋兼工帶寫，線條濃淡粗細合宜，以筆墨表現柔軟質感衣物十分成功。

〈6103 人〉（圖 3-24）〔註24〕與前二圖相比，採較遠視點描寫，以工細畫法表現，人物較小，線條較細，背景一巨石佔畫面二分之一，衣紋造型更為簡省一些，右下方以楷書題「乾隆十二年五月寫於素行堂，蛟圓黃慎。」

〔註21〕　〈金帶圍圖〉，121×147cm，江蘇泰州市博物館藏，出自《瘿瓢山人黃慎書畫集》。

〔註22〕　〈李鄴侯賞海棠圖〉，238×132cm，蘇南通博物苑藏，出自《瘿瓢山人黃慎書畫集》。

〔註23〕　〈李鄴侯賞海棠圖〉，江蘇泰州市博物館藏，出自《揚州畫派書畫全集·黃慎》。

〔註24〕　〈李鄴侯賞海棠圖〉，揚州市私人藏，出自《黃慎書畫集》。

圖 3-23
〈7004 人〉〈李鄴侯賞海棠圖〉

圖 3-24
〈6103 人〉〈李鄴侯賞海棠圖〉

（四）蘇武牧羊

　　蘇武牧羊的故事，自古以來就是「忠君」與「節義」的形象表率，歷代人物畫家，亦多有表現此類題材，而黃慎以這段歷史故事蘇武人物的形象創作之作品圖錄共收得六件，第一件作於乾隆八年〈5702 人〉（圖 3-25）〔註25〕，畫面右上題：「黃鵠一遠別，千里顧徘徊。胡馬失其群，思心常依依。何況雙飛龍，羽翼臨當乖。幸有弦歌曲，可以喻中懷。請爲游子吟，泠泠一何悲。絲竹厲清聲，慷慨有餘哀。長歌心激烈，中心愴以摧。欲展清商曲，念子不能歸。俛仰內傷心，淚下不可揮。願爲雙黃鵠，送子俱遠飛。乾隆八年夏四月寫於燕水，寧化黃慎。」蘇武坐於老樹幹上，居畫面左下方，黃慎所繪蘇武的形象，皆爲帶帽，穿皮裘、雙手持一節杖，身旁圍繞著二、三隻羊，或跪，或

〔註25〕〈蘇武牧羊圖〉，北京故宮博物院藏，出自《癭瓢山人黃慎書畫集》。

圖 3-25　〈5702 人〉〈蘇武牧羊圖〉

　　臥，蘇武雙目凝神沉思，在北國雪地的背景，表現蘇武思鄉思君，不爲匈奴
所屈的情操，黃慎以用筆中鋒居多的線條，表現蘇武厚重的皮裘質感，旁臥
跪的羊，亦顯生動，顯示黃慎在人物畫以外題材的表現能力。

　　〈6503 人〉（圖 3-26）〔註 26〕與〈人 050〉（圖 3-27）〔註 27〕2 件作品款
文內容相同：「攜手上河樑，游子暮何之。徘徊蹊路側，恨恨不能辭。行人難
久留，各言長相思。安知非日月，弦望各有時。努力崇明德，皓首以爲期。
乾隆十六年秋八月寫，寧化黃慎。」款文一在左上，一在右上，但蘇武人物
形象以〈6503 人〉（圖 3-26）較爲生動傳神。

〔註 26〕　〈蘇武牧羊圖〉，198×109cm，山西省博物館藏，出自《中國古代書畫圖目
　　　　　八》。

〔註 27〕　〈蘇武牧羊圖〉，178.4×91.1cm，蘇州市博物館藏，出自《揚州畫派書畫全
　　　　　集・黃慎》。

圖 3-26　　　　　　　　　　圖 3-27
〈6503 人〉〈蘇武牧羊圖〉　　　〈人 050〉〈蘇武牧羊圖〉

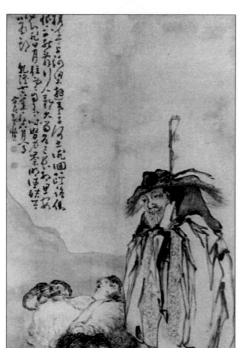

　　〈人 020〉（圖 3-28）〔註28〕之作，款文以草書題「蘇武牧羝於海上，節
旄盡落，十九年始得歸漢。」筆者認為在黃慎所繪蘇武系列中，本件為最精
彩的一件，蘇武居畫面中，衣紋線條在輕鬆自然的筆調中，構成形象，不
刻意造作，與〈6503 人〉（圖 3-26）神態，表現手法十分接近，應屬同一時期
所作。

　　〈6506-4 花〉（圖 3-29）〔註29〕為人物花鳥四屏中的一件，人物造形亦符
合前所述，畫面右上草書題「骨肉緣枝葉，結交亦相因。四海皆兄弟，誰為

〔註28〕　〈蘇武牧羊圖〉，94.2×101.2cm，上海博物館藏，出自《揚州畫派書畫全集·
　　　　黃慎》。
〔註29〕　〈蘇武牧羊圖〉，179.2×54.4cm，北京市工藝品進出口公司，出自《癭瓢山人
　　　　黃慎書畫集》。

圖 3-28　〈人 020〉〈蘇武牧羊圖〉

圖 3-29　〈6506-4 花〉
〈蘇武牧羊圖〉

圖 3-30
〈5002 冊-2〉〈蘇武牧羊圖〉（疑）

行路人。況我連枝樹，與子同一身。昔爲鴛與鴦，今爲參與辰。昔者常相近，邈若胡與秦。惟念當離別，恩情日以新。鹿鳴思野草，可以喻嘉賓。我有一樽酒，欲以贈遠人。願子留斟酌，敍此平生親。」

〈5002 冊-2〉（圖 3-30）〔註30〕爲書畫合冊中一件，款文以楷書題「漢蘇武出使海上，牧羝羊下乳乃得歸，持漢節牧羊，臥起時，節旄盡落。」以較工細筆法描寫，線條較生硬，臥跪的羊造型頗爲怪異，此〈5002 冊〉書畫冊其它作品亦有可議之處，本作品十分可疑。

（五）伯樂相馬

「伯樂相馬」型作品圖錄共收得三件，第一件〈4001 人〉（圖 3-31）〔註31〕爲黃愼四十歲所作，爲北京故宮所藏，右上題「雍正四年花朝日閩中黃愼寫。」畫面左側，黃愼用草書筆法，速寫出一生動枯樹，簡單數筆已可見黃愼在此時期駕馭筆墨能力已臻成熟之境，枯樹旁站立兩隻馬，伯樂低頭沉思，居右下角。

圖 3-31
〈4001 人〉〈相馬圖〉

〈5002 冊-1〉（圖 3-32）〔註32〕與〈6706 人-1〉（圖 3-33）〔註33〕伯樂與馬相關位置類同，伯樂居馬的後腳之前，回首檢視馬的體態，不同的是〈5002 冊-1〉爲冊頁形式，馬的身軀較瘦，伯樂衣紋較繁複，線條轉折角度較方，左冊以楷書題「兩駿已負王良御，一顧應逢伯樂鳴。」〈6706 人-1〉，無款，爲立軸，馬身較豐滿，伯樂身型線條相對較簡練，轉折角度較圓。

〔註30〕〈蘇武牧羊圖〉，無錫市博物館藏，出自《黃愼書畫集》。
〔註31〕〈相馬圖〉，119.6×58.1cm，北京故宮博物院藏，出自《癭瓢山人黃愼書畫集》。
〔註32〕〈伯樂相馬圖〉，無錫市博物館藏，出自《黃愼書畫集》。
〔註33〕〈伯樂相馬圖〉，207×55.5cm，江蘇南通博物苑藏，出自《中國古代書畫圖目六》。

圖 3-32　　　　　　　　　圖 3-33　〈6706 人-1〉
〈5002 冊-1〉〈伯樂相馬圖〉　　　〈伯樂相馬圖〉

（六）李白、陶淵明詩意圖

　　黃慎描寫李白與陶淵明詩意圖，共收到四件圖錄，〈7313 人〉（圖 3-34）
〔註 34〕以描寫青蓮居士〈將進酒〉詩意，李白帶帽，側身面向畫面左側，右
手持一酒杯，抬頭仰望，若有所思，旁站立一小僮，雙手持一酒壺。另〈7312
人〉（圖 3-35）〔註 35〕與上述〈7313 人〉人物安排，衣紋構成，線條轉折頓挫
完全相同，款文內容亦同，兩圖並置，真偽立判。〈7313 人〉線條流暢，跌宕
有致，虛實分明，〈7312 人〉線形軟弱無力，下筆多所遲疑，衣紋線條轉折停
留猶豫，款文書法太差，內文「須盡歡」的「須」字、「金樽」的「樽」字及
「還復來」的「復」字，皆缺偏旁，為十分明顯的錯誤，且線條單薄，將款
文塞滿李太白前的空間，空間布白亦較〈7313 人〉為差，很難相信出自黃慎
之筆。

〔註 34〕　〈李白將進酒詩意圖〉，218×119.5cm，出自香港佳士得拍賣會。
〔註 35〕　〈李白將進酒詩意圖〉，158×92cm，出自北京保利拍賣會。

圖 3-34 　〈7313 人〉　　　　圖 3-35 　〈7312 人〉
〈李白將進酒詩意圖〉　　　〈李白將進酒詩意圖〉（疑）

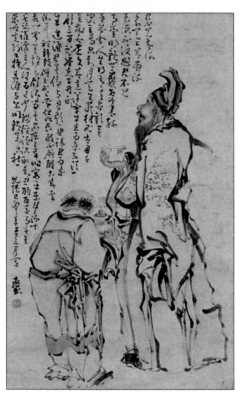

　　醉翁吟詩圖，在所見黃慎圖錄中，此型老翁酒後伏甕而眠的構圖共有 8
件，〈6412 人〉（圖 3-36）〔註 36〕本圖款文節錄李白〈春夜宴諸從弟桃李園序〉，
書法內容臨自黃慎〈6402 書〉（圖 3-37）〔註 37〕前半段，但落了一行「大塊假
我以文章」書法水準較差，畫面下方伏甕老翁，體態造型，衣紋描寫與〈人
009〉完全相同，但線條無變化，是否出自黃慎筆下，令人存疑。

　　〈人 147〉（圖 3-38）〔註 38〕也令人存疑，款文為陶淵明詩讀〈山海經十
三首其一〉、〈詠貧士詩其一〉、〈飲酒詩之六〉、〈飲酒詩之八〉四首，款文草
書與黃慎書法水準相去甚遠，人物造形線條筆調與黃慎慣用中側鋒並用表現
法不同，有運筆遲速差異，但用筆缺乏變化，線條較呆板生硬。

〔註 36〕　〈醉翁吟詩圖〉，157.5×114cm，出自中貿聖佳拍賣會。
〔註 37〕　〈春夜宴桃李園序〉，35×269cm，重慶市博物館藏，出自《揚州畫派書畫全
　　　　　集·黃慎》。
〔註 38〕　〈對飲圖〉，209.5×115.5cm，出自中貿聖佳拍賣會。

圖 3-36
〈6412 人〉〈醉翁吟詩圖〉（疑）

圖 3-38
〈人 147〉〈對飲圖〉（疑）

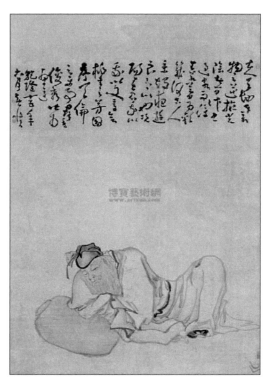

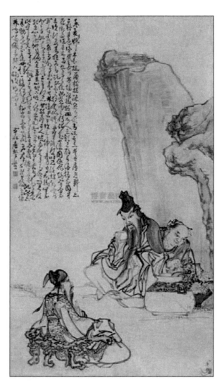

圖 3-37 〈6402 書〉〈春夜宴桃李園序〉

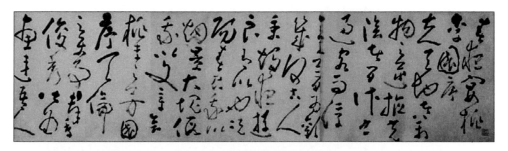

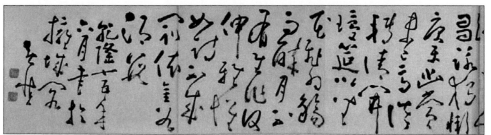

（七）其他

1. 碎琴圖

圖錄收到兩件，〈3301 人〉（圖 3-39）〔註39〕爲群像式的構圖，爲工細畫法，另一件〈7201 人〉（圖 3-40）〔註40〕爲黃慎 72 歲時所作，右上題「戊寅年秋中寫，瘦瓢。」畫面只有兩人，趙子昂在左，雙手高舉一石，欲向面前地上古琴投下，旁立一男子，雙臂張開欲阻止狀，人物衣紋描寫自然流暢，線條表現雖多，不見其雜亂，黃瘦瓢很擅長描寫畫面中，故事正要發生至精彩處的瞬間，類似戲劇性效果的畫面。

2. 嚴光釣隱圖

共有兩件圖錄，〈5911 人〉（圖 3-41）〔註41〕是採用較近距離描寫，而〈6004 人〉（圖 3-42）〔註42〕以較遠距離描寫之，款文皆爲「獨釣寒江雪」，二作之紀年僅差一歲，以〈6004 人〉較佳，江上小舟及嚴光描寫生動，背景蘆葦葉雖以速筆率性表現，可見黃慎掌握筆墨十分純熟；反之〈5911 人〉表現稍遜，款文草書亦差。

圖 3-39 〈3301 人〉〈碎琴圖〉

〔註39〕 〈碎琴圖〉，首都博物館藏，出自《瘦瓢山人黃慎書畫集》。
〔註40〕 〈碎琴圖〉，189×103.3cm，遼寧省博物館藏，出自《揚州畫派書畫全集·黃慎》。
〔註41〕 〈寒江獨釣〉，88×47cm，出自上海崇源拍賣會。
〔註42〕 〈獨釣江雪圖〉，故宮博物院藏，出自《瘦瓢山人黃慎書畫集》。

圖 3-40 〈7201 人〉〈碎琴圖〉 圖 3-41 〈5911 人〉〈寒江獨釣〉

圖 3-42 〈6004 人〉〈獨釣江雪圖〉

3. 風塵三俠圖

〈人095〉與〈人073〉皆爲描寫虬髯客、李靖及紅拂女三人爲主題的歷史故事。〈人095〉（圖3-43）〔註43〕右下角款文爲「閩中黃慎寫。」三人在旅店內談話，構圖爲黃慎人物作品較少運用到的形式，人物背景空間層次較多，三人在旅店內，旅店門前景有老樹兩棵，大石兩塊，由旅店內窗戶外望，可見一匹馬俯首及另一間屋，屋後尚有數棵雜樹當遠景，三人動態各異虬髯客左手撫鬚，紅拂女注視李靖，李靖背對畫面，構成三人以虬髯客爲主，李靖及紅拂女爲從，人物線條以工細表現爲主，應是黃慎雍正年間的作品。〈人073〉（圖3-44）〔註44〕與〈人095〉不同之處三人在樹林間道別，三

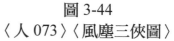

圖3-43　　　　　　　　　　　圖3-44
〈人095〉〈風塵三俠圖〉　　〈人073〉〈風塵三俠圖〉

〔註43〕〈風塵三俠圖〉，106×51cm，重慶市博物館藏，出自《揚州畫派書畫全集‧黃慎》。

〔註44〕〈風塵三俠圖〉，154×86cm，福建省寧化縣博物館藏，出自《中國古代書畫圖目十四》。

人以李靖爲主，虬髯客背對畫面，紅拂女在右側，人物所構成線條，〈人073〉
與〈人095〉比較線形較粗，運筆提按動作較明顯。

4. 王羲之換鵝圖

王羲之換鵝圖〈7803人〉（圖3-45）〔註45〕爲黃愼78歲之作品，山陰道
士在中，雙臂環抱一鵝，王羲之在右側，雙手持一作品，應是爲道士抄的〈黃
庭經〉，王羲之的小童在畫面左側，正將一鵝放入籃中，背景有一巨石及兩棵
樹，畫面線條勁挺，輕重有致，雖爲黃癭瓢晚年之作，但不見其筆力老態，
左上側款文「乾隆甲申冬至日癭瓢子愼寫。」

圖3-45　〈7803人〉〈王右軍書帖換鵝圖〉

5. 老子圖

黃愼所繪老子圖，共收得三件。〈6908人〉（圖3-46）〔註46〕畫面左上以
草書題「東來紫氣滿函關。乾隆乙亥年小春月寧化癭瓢子寫。」老子騎在牛
背上，結一頭巾，落腮白鬚向後飛揚，左手持一卷書，人物形態在黃愼用筆

〔註45〕〈王右軍書帖換鵝圖〉，103.8×118.9cm，遼寧省博物館藏，出自《揚州畫派
　　　　書畫全集‧黃愼》。
〔註46〕〈函關紫氣圖〉，中國歷史博物館藏，出自《揚州畫派書畫全集‧黃愼》。

快速描寫下，輪廓結構依然準確，且兩衣袖隨風飄逸，十分自然，老子所騎
乘之牛，爲黃慎所繪走獸題材中少見類型，此牛動勢，由右至左，頸部向下
但頭部卻往上翹，狀甚可愛，牛毛質感描寫，採用與人物衣紋線條粗細接近
寬度來畫，牛毛線條用筆短促且快速，此與用細筆表現牛毛者，又是另一番
趣味。

　　另兩件〈5404 冊-5〉（圖 3-47）〔註47〕與〈5405 人〉（圖 3-48）〔註48〕皆
爲黃慎 54 歲乾隆五年所作，一爲扇面，一爲冊頁形式，畫面構成十分接近，
皆爲老子坐於左側石板上，留白鬚至胸前，目光注視對面席地而坐的老者，
老者旁立一小僮，人物動態用工細線條表現，黃慎在處理畫幅較小，人物較
多的題材，以兼工帶寫創作時，通常工多於寫。〈5405 人〉以楷書於右側題：
「西州城裡拜徵君，誰是飄然鸞鶴群。眼底麝香迷嶽草，袖中雲影散溪紋。
從來去住無行跡，不與尋常逐世紛。此日相逢應莫問，也教名姓上清聞。乾
隆五年三月寫寧化癭瓢子。」〈5404 冊-1〉於畫面右側以草書題款內容與〈5405
人〉（圖 3-48）同。

圖 3-46　　〈6908 人〉　　　　　　圖 3-47
　　〈函關紫氣圖〉　　　　　　〈5404 冊-5〉〈老子論道圖〉

〔註47〕　〈老子論道圖〉，榮寶齋畫譜藏，出自《黃慎畫集》。
〔註48〕　〈老子論道圖〉，首都博物館藏，出自《揚州畫派書畫全集‧黃慎》。

圖 3-48　〈5405 人〉〈老子論道圖〉

6. 孔子圖

　　描寫孔子的圖錄，只有一件〈6213 人〉（圖
3-49）〔註 49〕，畫中孔子頭戴冠冕，著長袍，
右手持一手杖，左手掌握一隻雀鳥，自畫面右
側向左行進，孔子臉部用工細線條描寫五官、
頭髮與鬍鬚，並淡赭渲染臉部明暗，衣紋層次
分明，線條節奏明快，左上題「乾隆十三年小
春月寫於柳溪書屋，寧化黃慎。」

　　綜觀黃慎歷史故事人物畫有下列特色：

1. 單一人式構圖，主角居畫面右或左側，
   畫面背景大多留白未描繪，以強調主體
   方式呈現。群像構成多有背景襯托人
   物，營造畫面效果。

2. 畫中人物視線以俯視或仰視居多，或注
   視人物手上某物，姿態大都爲立姿，人
   物造型動態變化較少。

圖 3-49
〈6213 人〉〈孔聖像圖〉

〔註49〕　〈孔聖像圖〉，169.8×91.5cm，上海博物藏，出自《兩塗軒書畫集萃》。

3. 人物衣紋體態以兼工帶寫描寫爲多，較無粗筆大寫形式表現。

4. 同一主題構圖重複出現次數頗多，顯見以同一底稿創作多件作品，此類作品十分受繪畫市場歡迎。

二、民間傳說

（一）八仙圖

黃慎描繪八仙，可分爲八仙群像、三仙圖、二仙圖及單人式的構圖：

1. 八仙群像圖

此部分圖錄共有五件，〈4103 人〉（圖 3-50）〔註 50〕、〈4104 人〉（圖 3-51）〔註 51〕、〈4105 人〉（圖 3-52）〔註 52〕均爲八位人物由左至右依序爲，藍采和、呂洞賓、曹國舅、漢鍾離、韓湘子、何仙姑、李鐵柺及張果老，三件作品均爲絹本，款文皆爲「雍正五年秋，閩中黃慎寫。」

圖 3-50　〈4103 人〉〈八仙圖〉　　圖 3-51　〈4104 人〉〈八仙圖〉

〔註 50〕　〈八仙圖〉，228.5×164cm，泰州市博物館藏，出自《揚州畫派書畫全集·黃慎》。

〔註 51〕　〈八仙圖〉，211.5×161.3cm，北京市文物商店藏，出自《中國古代書畫圖目一》。

〔註 52〕　〈八仙圖〉，221.5×161.5cm，蘇州市博物館藏，出自《揚州畫派書畫全集·黃慎》。

圖 3-52
〈4105 人〉〈八仙圖〉

圖 3-53
〈4818 人〉〈八仙圖〉（疑）

　　表現技法都是採用工筆創作畫爲主，尺寸亦十分接近，應是同一底稿所作，線條以工細爲主，人物形態準確，線條變化有度，黃慎在處理此類群像的題材時，人物彼此間眼神似乎很少交會，在此圖式中視線幾乎沒有呼應，八仙們的目光都注視面前的低點，黃慎較少利用人物的視線構成視覺焦點或畫面暗示，黃慎之後所創作之八仙圖像，不論是群像或單一像，均以此圖式造型爲主。

　　〈4818 人〉（圖 3-53）〔註 53〕署「雍正十二年，閩中黃慎寫。」此圖與前面論及〈4103 人〉等三件作品，構圖安排完全相同，畫幅尺寸較小，人物造型所用線條較粗，採用兼工帶寫的方式，但與黃慎雍正年兼工帶寫風格不同，以張果老衣袖線條來看，表現衣紋皺摺生硬，線條起筆皆爲較重筆調下筆，缺乏變化，用筆雖有速度變化，但速筆線條顯得輕滑，張果老左手握的漁鼓棒及呂洞賓所持扇子造型與前述三圖畫法皆不相同，整體看來此圖眞僞十分可疑。

　　另有一件〈6715 人〉（圖 3-54）〔註 54〕「群仙祝壽」爲黃慎六十七歲所

〔註 53〕　〈八仙圖〉，164.5×148.5cm，出自中貿聖佳 2005 春拍賣會。
〔註 54〕　〈群仙祝壽〉，228×130cm，出自中嘉拍賣會。

作，此作構圖爲黃慎群像中較爲少見，沒有採用分組方式，人物塞滿畫面，八仙造型與四十一歲所繪之八仙形象有些許差異，款文爲「乾隆十八年秋八月寫，黃慎。」「黃慎」二字寫法在瘦瓢署名中較爲少見。

2. 三仙及二仙圖

三仙圖與二仙圖圖錄共有七件，多爲描寫焚香、接蝠及渡海的神仙故事，人物設定較八仙群像圖中形象，八仙造型更接近日常生活中可見的老者及仕女，大多面露微笑，和藹可親。〈人133〉（圖3-55）〔註55〕款文題「寫於過庭，瘦瓢。」描繪何仙姑、張果老與李鐵拐三人焚香圖，三人衣紋線條，以中鋒用筆爲主，起伏提按轉折變化較少，但線條渾厚變化有致，是黃慎兼工帶寫形式中另一種表現手法；當屬乾隆年間後期作品。

圖 3-54　　　　　　　　　　　　圖 3-55
〈6715 人〉〈群仙祝壽〉　　　　　〈人 133〉〈三仙圖〉

〔註55〕　〈三仙圖〉，出自《黃慎書畫集》。

　　〈人 066〉（圖 3-56）〔註 56〕款文於右側「何事紛紛皆若醉，仙家獨自道中醒。金丹放出飛昇去，衝破秋空一點青。寧化癭瓢子慎寫。」也是以張果老、何仙姑及李鐵柺三仙爲主角，動作與神態均與〈人 133〉（圖 3-55）相近，人物線條較細，用筆變化爲多，背景以李鐵拐手持一壺，噴出煙霧環繞畫面四周，營造神秘效果。

　　〈人 018〉（圖 3-57）〔註 57〕爲鍾馗持一壺接蝠，李鐵拐仰視蝙蝠，何仙姑在右賞花，鍾馗與何仙姑用兼工帶寫表現，用大筆塗抹李鐵拐上半身衣紋，效果尚可，可見粗筆寫意之難處，寥寥數筆，要寫形及寫意，尚須寫神，右上款文題同〈人 066〉（圖 3-56），署「寧化黃慎」。

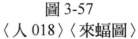

圖 3-56　　　　　　　　　　　圖 3-57
〈人 066〉〈三仙圖〉　　　　〈人 018〉〈來蝠圖〉

　　〈7009 人〉（圖 3-58）〔註 58〕款文題「自昔漢室雲房子，乞丹曾遇東華迎。同醉岳陽樓上客，歡呼捫蝨彳亍行。芒鞋鐵拐步跟清，我亦相從遊汗漫。安得憑虛駕鳳凰，智當自是求多福。圖留天地歷年長。乾隆丙子春之二

〔註 56〕　〈三仙圖〉，132.8×189.5cm，江西省景德鎮博物館藏。
〔註 57〕　〈來蝠圖〉，206.7×113.5cm，天津藝術博物館藏，出自《揚州畫派書畫全集·黃慎》。
〔註 58〕　〈仙人醉扶圖〉，102×196cm，出自上海崇源 2004 秋季拍賣會。

月寫於邗上美成草堂，癭瓢。」李鐵拐與呂洞賓扶著半醉的漢鍾離，形態自然，人物表情生動。

〈人 012〉（圖 3-59）〔註 59〕〈二仙乘槎圖〉漢鍾離與藍采和二仙乘枯木渡江，人物衣紋線條較細，乾筆偏多，江面用密集且勁挺線條表現，在黃慎作品中屬較少見到的例子，款文「美成堂，黃慎」。〈4702 人〉（圖 3-60）〔註 60〕款文「雍正十一年春三月寫於廣陵美成草堂，閩中黃慎。」為一扇面，呂洞賓與何仙姑二仙相視，藍采和在呂洞賓身後，採工細畫法。

圖 3-58　　　　　　　　　　　　　圖 3-59
〈7009 人〉〈仙人醉扶圖〉　　　　〈人 012〉〈二仙乘槎圖〉

〔註 59〕〈二仙乘槎圖〉，161×85.5cm，中央工藝美術學院藏，出自《揚州畫派書畫全集・黃慎》。

〔註 60〕〈三仙圖〉，浙江省寧波市天一閣文物保管所藏，出自《中國古代書畫圖目十一》。

圖 3-60　〈4702 人〉〈三仙圖〉

〈人 015〉（圖 3-61）〔註 61〕款文「昔日騎驢客，人稱果老仙。問之欲何往？大笑指青天。仙姑姓字揚，聞說在華唐。玉洞猿聲遠，瓊花吸露香。寧化癭瓢子慎寫。」張果老與何仙姑二仙，一仰視、一俯視，視點沒有交集，人物構成與黃慎八仙慣用造形符合，用筆熟練，在張果老衣紋上，過度描寫，有玩弄技巧之嫌，用筆太過則傷韻〔註 62〕，此為黃慎在作品中為昔人論其用筆缺失。

圖 3-61

〈人 015〉〈果老仙姑圖〉

3. 單人式

單人式的構圖以李鐵拐、張果老及呂洞賓為主，其中以李鐵拐最多，圖錄共收到十件，以款文來區分，署「誰道鐵拐，形跛長年，芒鞋何處，醉倒華巔。」者，共有四件。其中〈人 019〉及〈人 162〉二

〔註 61〕　〈果老仙姑圖〉，201×110cm，榮寶齋藏，出自《揚州畫派書畫全集·黃慎》。

〔註 62〕　清秦祖永：《桐陰論畫》中論黃慎「筆意縱橫排奡，氣象雄偉，深入古法，所嫌體貌粗豪，無秀雅神逸之趣，未免昔人筆過傷韻之譏」，刊於《清代傳記叢刊》，臺北，明文書局，年代不詳，371 頁。

圖爲李鐵拐爲倚葫蘆醉眠，而〈人 054〉與〈人 161〉二圖爲李鐵拐依甕而眠，四件作品皆爲粗筆大寫意，除〈人 019〉李鐵拐動態不同外，其餘三圖皆相似。

〈人 019〉（圖 3-62）〔註 63〕署「瘦瓢」李鐵拐坐在畫面左側，雙手環抱，倚靠胸前的大葫蘆，背後有一包袱，李鐵拐上半身衣服，黃愼用粗筆大寫意方式描寫右臂衣袖，重墨自右肩落下，迅速提筆至手肘處再落筆轉折，至袖口處頓筆形成墨塊效果，李鐵拐左腳亦用粗筆大寫，由濃至淡，線條也由粗變細，胸前大葫蘆用淡墨速筆勾出外形，葫蘆上的細繩用勁挺有力的濃墨線條畫出，葫蘆噴出煙霧瀰漫畫面，營造神祕氣氛，李鐵拐臉部線條描寫以較粗線形表現，與其他類型人物畫不同，似乎有意表現李鐵拐乞丐形象中不修邊幅的一面，此圖是四件作品中較佳的一件，粗筆寫意與細筆交替使用，取得畫面平衡效果，墨色濃淡輕重配置得宜，使李鐵拐的醉意與神祕氛圍在畫幅中環繞。

圖 3-62　〈人 019〉〈鐵拐醉眠圖〉

〔註 63〕〈鐵拐醉眠圖〉，135×168.6cm，天津藝術博物館藏，出自《揚州畫派書畫全集·黃愼》。

〈人 054〉（圖 3-63）〔註 64〕署「寧化黃慎」。李鐵拐擁甕而眠，雙眼半開，肩部及衣袖下襬亦用粗筆寫意，惟效果較不佳，濃淡配置不清楚，勾勒線條似乎都是中鋒行筆。

圖 3-63　　〈人 054〉〈鐵拐醉眠圖〉

〈人 162〉（圖 3-64）〔註 65〕李鐵拐形體構成的粗線墨塊，重複描寫多次，墨色混成一團，肩部結構亦誤差許多，以黃慎自幼習寫真具有堅實的形象構成能力，此作是否出自黃慎手筆，十分可議。

〈人 161〉（圖 3-65）〔註 66〕圖中李鐵拐臉部形象與其他三圖最不類似，人物構成以粗筆線條，軟弱無力，運筆一昧求速，但不見其筆力，款文與前三圖小異「誰道鐵拐仙，形跛得長年，芒鞋何處去，醉倒華山巔。」四句各多一字「仙」、「得」、「去」、「山」，此作亦十分可疑。

〔註 64〕　〈鐵拐醉眠圖〉，107×118.3cm，無錫市博物館藏，出自《揚州畫派書畫全集‧黃慎》。
〔註 65〕　〈李鐵拐像〉，163×134cm，出自中國嘉德 2008 春季拍會目錄。
〔註 66〕　〈鐵拐仙圖〉，79×121cm，出自西泠印社 2008 春季拍賣會。

圖 3-64　　〈人 162〉〈李鐵拐像〉（疑）

圖 3-65　　〈人 161〉〈鐵拐仙圖〉（疑）

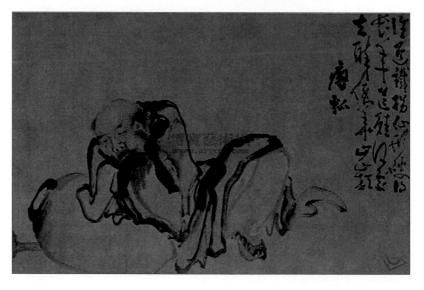

　　款文署「吞雲作霧遍天涯，不問人間路幾賒。攝著芒鞋雙足健，手中都是十洲花。癭瓢。」共有五件圖錄。〈人 021〉（圖 3-66）〔註 67〕署「癭瓢」李

〔註 67〕　〈醉鐵拐李圖〉，135×68.6cm，天津藝術博物館藏，出自《黃慎書畫集》。

鐵拐左手持鐵拐，右手持葫蘆在臉前，雙眼注視葫蘆內是否還有酒，人物衣紋用兼工帶寫衣紋，線條破筆較多，且線條與淺色墨塊並行呈現衣衫破損效果，臉部五官亦用稍粗的線形描繪，動作表情也十分逗趣李鐵拐乞丐形象十分成功。

〈人 143〉與〈人 106〉（圖 3-67）〔註68〕二圖，構圖相似，李鐵拐在畫中皆爲右手持鐵拐，左手拈花注視，〈人 143〉（圖 3-68）〔註69〕署「瘦瓢」。李鐵拐肩部墨線大筆寫意，墨色較重。〈人 106〉粗線條出現在肩部，墨塊亦使用較少。

圖 3-66　　　　　　　　　　圖 3-67
〈人 021〉〈醉鐵拐李圖〉　　〈人 106〉〈鐵拐拈花圖〉

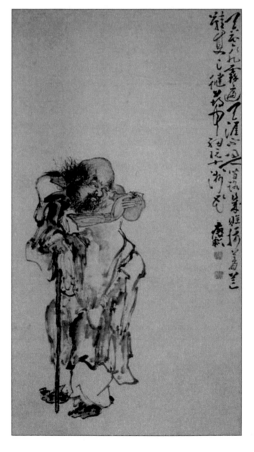

〔註68〕　〈鐵拐拈花圖〉，出自《揚州畫派》。
〔註69〕　〈鐵拐拈花圖〉。

圖 3-68
〈人 143〉〈鐵拐拈花圖〉

圖 3-69
〈人 078〉〈鐵拐拈花圖〉

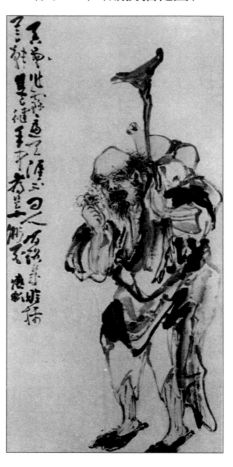

　　〈人 078〉（圖 3-69）〔註 70〕李鐵拐左手持鐵拐，葫蘆背在背後，但此件作品粗筆寫意，墨塊與線條組合效果較差，款文乾濕並用表現也不佳。

　　〈5404 冊-3〉（圖 3-70）〔註 71〕李鐵拐伏在酒甕上，背後有一石，此圖為冊頁，畫幅較小，衣紋流暢線條粗細濃淡並施。五十四歲所作〈人 5410〉（圖 3-71）〔註 72〕款文以草書「洗藥每臨新瀑水，步虛時上最高峯。乾隆五年秋九月，寧化黃愼。」繪李鐵拐攜葫蘆採藥，人物以兼工帶寫表現，線條轉折較多，中側鋒並施，與同期畫風相類。

〔註 70〕　〈鐵拐拈花圖〉，蘇州市文物商店藏，出自《中國古代書畫圖目六》。
〔註 71〕　〈鐵拐醉眠圖〉，出自《黃愼畫集》。
〔註 72〕　〈鐵拐李圖〉，出自《中國美術史稿》。

圖 3-70
〈5404 冊-3〉〈鐵拐醉眠圖〉

圖 3-71　〈5410 人〉
〈鐵拐李圖〉

〈人 126〉（圖 3-72）〔註 73〕寫李鐵拐坐在地上，似乎還在醉眠中，線條中鋒行筆偏多，署「瘦瓢」。〈4101 人〉（圖 3-73）〔註 74〕張果老圖，本作品現藏於日本京都國立博物館，爲瘦瓢四十一歲所作，以工筆表現，張果老坐在石頭上，旁有一小僮注視張果老，線條勁挺，形態自然，無款。

圖 3-72
〈人 126〉〈鐵拐李〉

圖 3-73
〈4101 人〉〈張果老圖〉局部

〔註 73〕　〈鐵拐李〉，65.7×53.2cm，出自中國嘉德 2005 秋季拍賣會。
〔註 74〕　〈張果老圖〉，27.4×67.3cm，日本・京都國立博物館藏，出自《黃慎書畫集》。

〈4703 人〉（圖 3-74）〔註 75〕張果老倒騎驢圖，款文爲「雍正十一年夏四月寫，閩中黃慎。」此圖爲黃慎四十七歲所做，與〈4503 人〉（圖 3-75）比較，張果老衣紋線形較細，中側鋒並用明顯，張果老衣服並無墨塊渲染，墨塊集中在驢子身上，濃淡兼施，形態生動，且張果老神情與〈4503 人〉中神情大異其趣。

圖 3-74　　　　　　　　　　　　　　圖 3-75
〈4703 人〉〈張果老倒騎驢圖〉　　　　〈4503 人〉〈張果老圖〉

〔註 75〕　〈張果老倒騎驢圖〉，94×53.5cm，北京市工藝品進出口公司藏，出自《瘦瓢山人黃慎書畫集》。

〈張果老圖〉〈4503 人〉（圖 3-75）〔註76〕署「雍正九年四月作於廣陵美成草堂，癭瓢山人。」張果老側身向左四十五度，立於畫面中央，頭微低戴帽，面露微笑，左手掌持漁鼓棒，左手臂彎曲夾住漁鼓，右手掌拍擊漁鼓，臉部五官及手掌用淡赭著色，張果老衣紋採寫意描繪，線條虛實交替使用，以淡墨為主，在衣領及袖口褶處以重墨勾粗線，人物形體描寫生動。

〈5602 人〉（圖 3-76）〔註77〕呂洞賓像，描寫呂洞賓御風而來一景，仙人低頭俯視，衣紋隨風飄至畫面右側，線條流暢自如，神情生動，顯示黃慎幼時習寫真所奠定下的深厚基礎，款文「乾隆七年十二月寫於豸峰之下，寧化黃慎。」

黃慎所繪八仙圖式有下列共同特徵：

1. 八仙人物造型，與一般常民形象接近，無神仙高高在上，虛無飄渺的距離感。

2. 八仙群像多為二到三人一組，單人式構成以李鐵拐與張果老居多。

3. 多用粗筆大寫意，表現李鐵拐乞丐形象中不修邊幅的一面，其餘神仙造型多用兼工帶寫方式表現。

（二）麻姑

麻姑的圖式共見得十七件，可分為單人構成、雙人構成及麻姑加上靈獸三種形式：

圖 3-76
〈5602 人〉〈呂洞賓像〉

〔註76〕　〈張果老圖〉，171×70cm，廣州市美術館，出自《黃慎書畫集》。
〔註77〕　〈呂洞賓像〉，163.5×83cm，四川省博物館藏，出自《癭瓢山人黃慎書畫集》。

1. 單人式的麻姑

此類圖式共有七件，〈4902 人〉、〈4804 人〉及〈人 090〉三件作品構圖相同，麻姑皆居畫面中心，雙手持一酒壺，左手持酒壺柄，右手握壺底，側身四十五度朝向畫面右方，臉部向左回首，體態皆為 S 型三折法姿勢。

〈4804 人〉（圖 3-77）〔註 78〕款文「雍正十二年五月閩中黃慎寫。」以較工細的線條寫出麻姑，線形秀雅，轉折角度較尖，黃慎在用工筆一類手法表現時，多會用小楷落款，此作亦不例外。〈4902 人〉（圖 3-78）〔註 79〕此

圖 3-77

〈4804 人〉〈麻姑圖〉

圖 3-78

〈4902 人〉〈麻姑晉酒圖〉

〔註 78〕〈麻姑圖〉，121×53.6cm，吉林省博物館藏，出自《中國古代書畫圖目十六》。

〔註 79〕〈麻姑晉酒圖〉，122×54.5cm，江西省婺源縣博物館藏，出自《中國古代書畫圖目十八》。

圖與〈4804人〉（圖3-77）比較，線條較圓轉，線形亦較粗，麻姑臉部面露微笑，平視遠方，款文「雍正十三年春王月寫黃慎。」

〈人090〉（圖3-79）〔註80〕款文「十二碧城樓第幾，風繡幡捲鳳尾。七月七日降人間，酒行百斛歌樂豈。矜將狡獪試經家，長鐵頃刻成丹砂。閑著六銖歷寒暑，頂分雙髻學林鴉。花香玉膳挈麟脯，千載蕉花獻紫府。不知此去又何年？咨爾方子總真主。珊瑚鐵網海已枯，桑田白景更須臾。況睹蓬壺經幾淺，御風天外舞憑虛。癭瓢子慎寫。」是黃慎繪麻姑中，衣紋線條用筆較粗重的一件，但不失靈活，惟衣褶處理局部過於煩雜。

〈5701人〉與〈7606人〉麻姑均為側身向左，回首俯視，〈5701人〉（圖3-80）〔註81〕款文「乾隆八年春三月寫於美成堂，蕋圃黃慎。」線條較細，行筆頓挫較強。〈7606人〉（圖3-81）〔註82〕款文「乾隆壬午秋九月寫於種蘭堂，癭瓢。」麻姑衣紋用較大筆毫寫，線條渾厚，但仍可見麻姑輕盈飄逸之態，兩袖間毛毯質感表現極佳，渾厚與輕盈線條取得一平衡，為黃慎繪麻姑之佳構。

圖3-79　〈人090〉〈麻姑圖〉

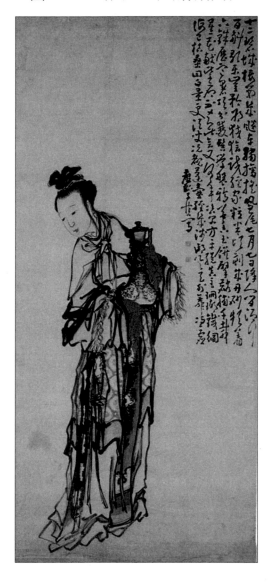

〔註80〕　〈麻姑圖〉，189×115cm，廣州市美術館藏，出自《揚州畫派書畫全集·黃慎》。

〔註81〕　〈麻姑晉酒圖〉，170×92.5cm，福建省博物館藏，出自《中國古代書畫圖目十四》。

〔註82〕　〈麻姑獻壽圖〉，161.4×87.7cm，揚州市博物館藏，出自《黃慎書畫集》。

圖 3-80
〈5701 人〉〈麻姑晉酒圖〉

圖 3-81
〈7606 人〉〈麻姑獻壽圖〉

　　〈6703 人〉及〈5901 人〉二件爲麻姑側身向左，雙手高舉酒壺，此型圖式在黃愼所繪麻姑中構圖立意最佳之一，人物型態自然，線條遲速有致，行筆變化多端。〈6703 人〉（圖 3-82）〔註 83〕款文同〈人 090〉（圖 3-79），署「乾隆十八年春三月寫於雙松堂，六十七逸叟黃愼。」麻姑兩袖毛毬較多，雙手持酒壺較高。

　　〈5901 人〉（圖 3-83）〔註 84〕衣紋線條較〈6703 人〉更簡省，雙手持酒壺較低，款文同〈人 090〉（圖 3-79），以小楷書之，署「蔗圃黃愼。」

〔註 83〕　〈麻姑獻酒圖〉，172×89.4cm，揚州市博物館藏，出自《癭瓢山人黃愼書畫集》。
〔註 84〕　〈麻姑晉酒圖〉，167×94cm，江蘇省美術館藏，出自《中國古代書畫圖目六》。

圖 3-82
〈6703 人〉〈麻姑獻酒圖〉

圖 3-83
〈5901 人〉〈麻姑晉酒圖〉

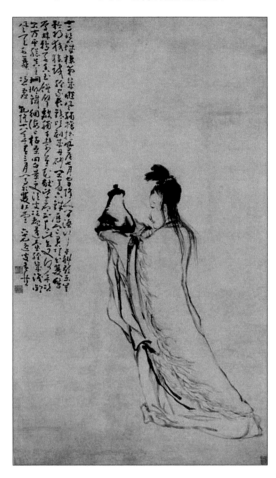

2. 雙人式的麻姑

　　共有二件〈001 人〉及〈7111 人〉。〈001 人〉（圖 3-84）〔註85〕款文同〈人090〉（圖 3-79）與黃慎所繪麻姑圖式比較，麻姑尺寸較小，背景有太湖石環繞，左下角有一待女與韓琦簪金帶圍圖中待女形式相同，線條行筆較慢，以工細線形表現麻姑婉約的女性形象。

　　〈7111 人〉（圖 3-85）〔註86〕款文「乾隆丁丑年秋月寫瘦瓢黃慎。」為黃慎七十一歲所作，麻姑與一小童之於畫面中央，麻姑視右側，小童在麻姑後

〔註85〕　〈麻姑仙像〉，故宮博物院藏，出自《瘦瓢山人黃慎書畫集》。
〔註86〕　〈麻姑祝壽圖〉，101×38cm，出自北京榮寶拍賣有限公司。

方回首望向左側，麻姑與小童衣紋顯得生硬，尤其麻姑衣服下擺，少見黃慎用此法，麻姑兩袖毛毯質感與前幾件作品相比較差，麻姑五官與小童頭型比例頗異，雖有程十髮先生題籤「黃瘦瓢仕女真跡」，但還是令人存疑。

圖 3-84	圖 3-85
〈001 人〉〈麻姑仙像〉	〈7111 人〉〈麻姑祝壽圖〉（疑）

3. 麻姑與靈獸的組合

此型圖式共有八件，〈6504 人〉、〈6216 人〉、〈8001 人〉、〈6410 人〉及〈6307 人〉是麻姑與仙鹿的組合。〈6909 人〉、〈6803 人〉及〈040 人〉是麻姑與麒麟相伴的圖式。

〈6504 人〉、〈6216 人〉及〈8001 人〉三圖構圖極為相似，麻姑均手持酒壺，向左或向右回首俯視。〈6504 人〉（圖 3-86）〔註 87〕款文「乾隆十六年秋八月寫於邗上雙松堂，寧化癭瓢子慎。」衣紋為黃慎兼工帶寫圖式中較常出現的細線條，衣褶轉折角度轉圓，麻姑衣帶隨風飄逸，質感十分逼真，麻姑持酒壺雙手均留長指甲，仙鹿亦低頭注視畫面左下方。

<table>
<tr><td>圖 3-86</td><td>圖 3-87</td></tr>
<tr><td>〈6504 人〉〈麻姑晉酒圖〉</td><td>〈8001 人〉〈麻姑圖〉</td></tr>
</table>

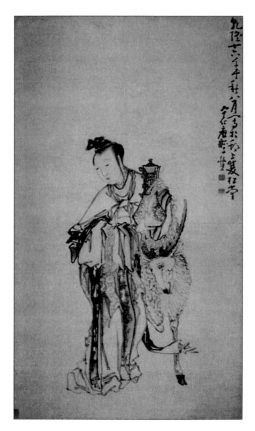

〔註 87〕　〈麻姑晉酒圖〉，170.5×91cm，天津市藝術博物館藏，出自《揚州畫派書畫全集・黃慎》。

　　〈8001 人〉（圖 3-87）〔註 88〕款文「乾隆丙戌春二月癭瓢寫」爲黃愼八十
歲所作麻姑，麻姑臉部用工細線條，黃愼八十歲還可做此類工細線質的作品，
殊爲不易，與〈6504 人〉（圖 3-86）比較、衣紋轉折角度較方，麻姑面露微笑
注視右下方。〈6216 人〉（圖 3-88）〔註 89〕款文「乾隆十三年春月寫於美堂，
寧化黃愼。」爲癭瓢六十二歲所繪，衣紋較簡省。

　　〈4307 人〉（圖 3-89）〔註 90〕與〈6410 人〉除麻姑與仙鹿外，加入女仙
童，爲三人構成。〈4307 人〉款文「雍正七年八月閏中黃愼寫。」麻姑居中雙

圖 3-88
〈6216 人〉〈麻姑獻壽圖〉　　　　　　　　圖 3-89
　　　　　　　　　　　　　　　　〈4307 人〉〈麻姑獻壽圖〉

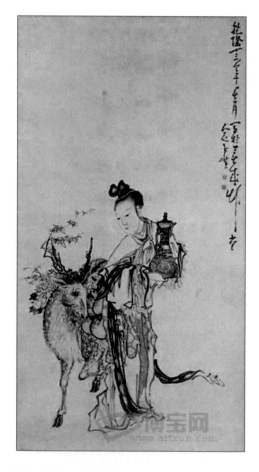

〔註 88〕　〈麻姑圖〉，181×101cm，湖南省博物館藏，出自《中國古代書畫圖目十八》。
〔註 89〕　〈麻姑獻壽圖〉，174×91cm，出自北京瀚海 2004 春季拍賣會。
〔註 90〕　〈麻姑獻壽圖〉，湖北宜昌市文物處藏，出自《中國古代書畫圖目十八》。

手持酒壺，麻姑臉部爲正面，在黃慎人物畫中臉部較少正面造型的表現，女仙童在麻姑後側，仙鹿在最前方，麻姑與女仙童衣紋線條勁挺，人物型態生動自然。

〈6410 人〉（圖 3-90）〔註 91〕在黃慎所繪麻姑圖式中，只有〈6410 人〉款文爲「麻姑年十八九許，頂中作髻，餘髮垂至腰。其衣有文章，而非錦綺，光彩耀目，不可名字，皆世□無也。總眞人王方平降括蒼民蔡經家，召姑；姑至，各進行廚。金盤玉杯，麟脯仙饌，而香氣達於內外。自言見東海三爲桑田，蓬萊水淺，乃淺於略半也。癭瓢。乾隆十五年春月寫黃慎。」麻姑居中，女仙童在左側，仙鹿在右後，三者均回望畫面左下方，衣紋線條行筆看似和緩，衣褶轉折角度較圓。

圖 3-90
〈6410 人〉〈麻姑圖〉

圖 3-91
〈6909 人〉〈麻姑獻壽圖〉

〔註91〕〈麻姑圖〉，157×86.5cm，出自中嘉 94 秋季拍賣會。

　　〈6909 人〉、〈人 040〉及〈6803 人〉爲麻姑與麒麟相伴。〈6909 人〉（圖
3-91）〔註 92〕爲絹本，青島市博物館藏，款文同〈人 090〉（圖 3-79）署「乾
隆乙亥年良月寫於文園瘦瓢子愼」。衣紋線條整秀麗，麻姑持酒壺爲寬瓶口。
　　〈人 040〉（圖 3-92）〔註 93〕與〈6803 人〉（圖 3-93）〔註 94〕二圖構成相
似，款文與「人 90」同，一在左側，一在右側，〈6803 人〉衣紋較簡省，動
態較強，〈人 040〉衣紋較繁複些。

圖 3-92　　　　　　　　　　　　　圖 3-93

〈人 040〉〈麻姑獻壽圖〉　　　　〈6803 人〉〈麻姑晉酒圖〉

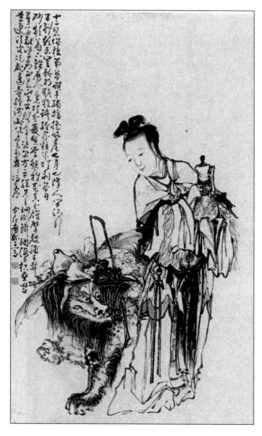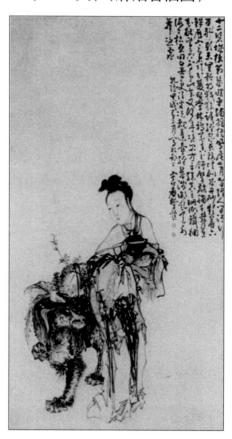

〔註 92〕　〈麻姑獻壽圖〉，201×98.5cm，青島市博物館藏，出自《揚州畫派書畫全集・
　　　　　黃愼》。
〔註 93〕　〈麻姑獻壽圖〉，185×111cm，杭州西泠印社藏，出自《中國古代書畫圖目十
　　　　　一》。
〔註 94〕　〈麻姑晉酒圖〉，165×76cm，天津市文物公司藏，出自《中國古代書畫圖目
　　　　　八》。

黃愼所繪麻姑圖式特色如下：

1. 麻姑多頭綁雙髻，杏眼、小嘴，體態以三折法 S 形呈現。

2. 雙手持酒壺，表現傳統神話中「麻姑獻壽」故事，多有靈獸相伴。

3. 多回首俯視，面帶微笑，無傳統仕女畫中弱不禁風的女性造型，不似一般神仙脫俗離塵，較接近日常生活中的鄰家少婦形象，與普羅大眾審美觀較接近。

4. 在技法上多以「兼工帶寫」形式，以較細膩線條表現麻姑親切婉約女性美。

（三）鍾馗

黃愼所繪鍾馗，大致可分爲兩類型，一爲五十一歲以前，採兼工帶寫方式所繪，另一類爲五十一歲後以粗筆大寫意表現。

1. 兼工帶寫式的鍾馗

此類型的鍾馗圖錄共有九件，其中以雍正九年（1731 年）期間黃愼所繪最多，共占五件。鍾馗手持菖蒲趨吉避邪之作品有四件〈4505人〉、〈4506人〉、〈4507人〉及〈5101人〉。南京博物館所藏〈4505人〉（圖 3-94）〔註95〕與江蘇省美術館所藏〈4507 人〉兩件作品極爲類似，應爲同一底稿所作，〈4505人〉左下款文題「雍正九年端陽日閩中黃愼寫」鍾馗雙手持菖蒲，雙目直視畫面左方之蝙蝠，鍾馗衣紋中鋒與側鋒行筆並用，線條粗細變化較大，頓挫起伏明顯。

圖 3-94
〈4505 人〉〈鍾馗執蒲圖〉

〔註95〕　〈鍾馗執蒲圖〉，167.4×94cm，南京博物院藏，出自《瘦瓢山人黃愼書畫集》。

　　〈4506人〉（圖3-95）〔註96〕鍾馗居畫面右，雙手合併在胸前，持一菖蒲，兩袖下垂，回首俯視畫面左下，本作品用筆鋒較硬之筆所繪，線條勁挺，線形與〈4505人〉（圖3-94）細一些，在衣褶處用淡墨渲染，線條雖工硬，但不致呆板，款文為「雍正九年端五日閩中黃慎寫。」

　　〈5101人〉（圖3-96）〔註97〕署「乾隆二年春王月寫於雙江仍漏齋，閩中黃慎。」鍾馗為寬臉，大耳，留黑髮，雙目注視畫面右側，表情和睦，頭戴

圖3-95　　〈4506人〉〈鍾馗圖〉　　圖3-96　　〈5101人〉〈鍾馗圖〉

〔註96〕　〈鍾馗圖〉，117×58.5cm，廣州市美術館藏，出自《揚州畫派書畫全集・黃慎》。

〔註97〕　〈鍾馗圖〉，泰州市博物館藏，出自《揚州畫派書畫全集・黃慎》。

帽，雙手捧一花瓶，右手掌托花瓶底，左手持花瓶耳，瓶內插菖蒲，鍾馗側
身向右四十五度，居畫面左側，行筆中側鋒並施，用畫山石樹木的線條來畫
衣紋，鍾馗低頭，雙目凝視，似若有所思，爲黃慎所繪鍾馗系列，筆者較喜
愛的一件。

〈4205 人〉（圖 3-97）〔註 98〕鍾馗佔滿整個畫面，雙手持笏板舉至胸前，
身動勢向右，頭部向左傾，取得畫面動態平衡，雙眼向上注視，表情甚兇，
鬍鬚隨風飄至右側，衣紋用較大筆毫所繪，線條較粗，表現出粗曠渾厚之視
覺效果，但鍾馗兩袖間衣褶，描繪過度，爲本作品缺憾之處，款文「雍正六
年五月閩中黃慎敬圖。」

〈4504 人〉與〈4803 人〉兩圖皆爲鍾馗倚樹而立，遠望樹梢飛入畫面中
的蝙蝠，〈4504 人〉（圖 3-98）〔註 99〕款文在左下角題「雍正九年五月閩中黃
慎寫。」爲視點較遠之畫面，鍾馗倚靠之樹幹自畫面左上角橫至右下角，成
一對角線，鍾馗衣紋線形較細，雙目有神注視空中飛來之蝙蝠。

圖 3-97 　〈4205 人〉　　　　　　　圖 3-98
　　〈鍾馗執笏圖〉　　　　　〈4504 人〉〈鍾馗倚樹圖〉

〔註 98〕　〈鍾馗執笏圖〉，285×170cm，揚州市私人藏。
〔註 99〕　〈鍾馗倚樹圖〉，101×115.5cm，揚州市博物館藏，出自《中國古代書畫圖目
　　　　　六》。

〈4803 人〉（圖 3-99）〔註 100〕鍾馗倚樹圖，此圖近距離描寫，松樹只有局部樹幹入畫，黃慎以較硬筆毫所繪，線條硬挺，中側鋒並用，此圖可看出黃瘦瓢運筆頗為快速，款文「雍正十二年端陽日閩中黃慎寫。」

圖 3-99
〈4803 人〉〈鍾馗倚樹圖〉

圖 3-100
〈4508 人〉〈鍾馗圖〉

〈4508 人〉（圖 3-100）〔註 101〕為黃慎所繪鍾馗較有趣的一件，鍾馗手持一撥開的石榴，面帶微笑，注視畫面左下方小童，小童左手拉扯鍾馗衣袖，右手欲討石榴，款文「雍正九年天中節黃慎敬圖。」鍾馗在神話故事中為「判官」，畫面中又加入小童，「判官」一變為「判子」，再引申為「盼子」，黃慎身為職業畫家，深諳繪畫市場需求及求畫者心理，在畫中加入蝙蝠亦是同理，清涼道人在《聽雨軒筆記》言黃慎：

後至羊城，為人畫一鐵拐仙，呂宋國人見嘆曰：若得增一蝙蝠於上，

〔註 100〕〈鍾馗倚樹圖〉，99.2×65.7cm，揚州市博物館藏，出自《揚州畫派書畫全集‧黃慎》。

〔註 101〕〈鍾馗圖〉，148.6×110.5cm，南京博物院藏，出自《揚州畫派書畫全集‧黃慎》。

則更妙矣。黃曰：是不難，然非薔薇露及伽楠香作潤筆不可，呂宋

人欣然如命。黃乃伸筆縱紙別成一幅與之，大喜持去。〔註102〕

可見黃慎對求畫者心理與一般常民的雅俗觀取向是掌握十分清楚。

〈4006 人〉（圖 3-101）〔註 103〕鍾馗酌妹圖為黃慎四十歲所作，描寫鍾馗向其妹敬酒，似在祝賀其將成為新嫁娘，人物形態衣紋描寫，採較細線條畫出，鍾馗與其妹二人，似與常人一般，在平日家居中小酌，並無鍾馗兇惡之樣，款「雍正四年夏五月閏中黃慎敬圖。」

圖 3-101　　〈4006 人〉〈鍾馗酌妹圖〉

2. 粗筆大寫意的鍾馗

黃慎後期用粗筆大寫意所繪鍾馗，筆者目前所見共七件，鍾馗持笏板與蝙蝠的組合共四件，〈6905 人〉、〈6916 人〉及〈7703 人〉三件構圖相似，相似，其中以〈6905 人〉與〈7703 人〉較佳。〈6905 人〉（圖 3-102）〔註104〕款文「乾隆二十年端午日癭瓢子寫。」黃慎以粗筆重墨自兩衣袖落筆，接以用

〔註102〕 清涼道人：《聽雨軒筆記》，刊於丘幼宣著：《一代畫聖黃慎研究》，福州，福建教育出版社出版，2002 年 9 月，993 頁。

〔註103〕 〈鍾馗酌妹圖〉，124.5×169.5cm，四川省博物館藏，出自《癭瓢山人黃慎書畫集》。

〔註104〕 〈鍾馗圖〉，99.2×65.7cm，揚州市博物館藏，出自《揚州畫派書畫全集·黃慎》。

筆較輕細線條，表現衣袖下擺，在大筆寫意下形象依舊準確無誤，線條輕重有致，根植黃慎深厚的工筆寫實能力。

〈7703 人〉（圖3-103）〔註105〕款文爲「乾隆癸未年端午日瘦瓢子敬寫。」爲江西省博物館所藏，與〈6905 人〉（圖3-102）比較，本圖線條較流暢，衣紋描寫比較簡省，鍾馗目光並未注視空中的蝙蝠，而直視左上方。

圖 3-102
〈6905 人〉〈鍾馗圖〉

圖 3-103
〈7703 人〉〈鍾進士降福圖〉

〈6916 人〉（圖3-104）〔註106〕與〈6905 人〉構成形式十分接近，惟線條用筆筆力似乎不足，在衣紋轉折與運筆快速的線質明顯較差，款文書法亦嫌生澀，款「乾隆乙亥春寧化瘦瓢子慎寫。」此作十分可疑。

〈人 152〉（圖3-105）〔註107〕款文「正直剛方，其貌堂堂。威儀章章，

〔註105〕〈鍾進士降福圖〉，120×61.5cm，江西省博物館藏，出自《瘦瓢山人黃慎書畫集》。
〔註106〕〈鍾馗像〉，147×89cm，出自中貿聖佳 2009 秋拍賣會。
〔註107〕〈迎福降祥圖〉，196.5×104cm，出自北京翰海 2006 秋拍賣會。

其心孔良。手執圭璋，大度汪洋。迎福降祥，廟德稱昌。寧化黃慎敬寫。」
鍾馗將笏板高舉，眼睛注視笏版上方的蝙蝠，衣紋線形粗重，線條間組合略
見板滯，顯見粗筆大寫意作品，並非件件佳作，時有不佳作品。

圖 3-104　　　　　　　　　　　圖 3-105
〈6916 人〉〈鍾馗像〉（疑）　　　　〈人 152〉〈迎福降祥圖〉

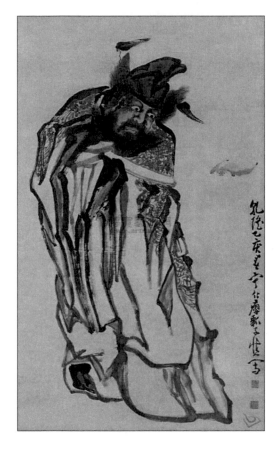 

　　〈5801 人〉（圖 3-106）〔註108〕款文「乾隆九年春王正月寫於美成堂，寧
化黃慎。」為鍾馗持劍目視蝙蝠，衣紋效果一般，鍾馗表情較為嚴肅。

　　〈7806 人〉（圖 3-107）〔註109〕此作寫鍾馗坐椅上擊磬，此型圖式在黃慎
所寫鍾馗可謂孤例，衣紋描繪較生硬，兩眼眼神左右不一，十分可疑，款文
「乾隆甲申端午寧化黃慎敬寫。」

〔註108〕　〈降福圖〉，171×115cm，出自上海老城隍廟 2001 春拍賣會。
〔註109〕　〈鍾馗圖〉，120×95cm，出自中國嘉德拍賣會。

圖 3-106　　　　　　　　圖 3-107
〈5801 人〉〈降福圖〉　　　〈7806 人〉〈鍾馗圖〉（疑）

〈人 140〉（圖 3-108）〔註 110〕款文「癭瓢子慎寫。」寫鍾馗醉眠，此類表現手法只在李鐵拐及文人圖式中出現，衣紋線條粗肥但卻缺變化，款文書法與癭瓢風格差異頗多，應非出自癭瓢筆下。

圖 3-108　　〈人 140〉〈鍾馗醉酒圖〉（疑）

〔註 110〕　〈鍾馗醉酒圖〉，116×232cm，出自深圳 1999 春季拍賣會。

綜觀黃慎所繪鍾馗造型原則有下列幾點：

1. 鍾馗皆戴黑帽，寬臉，大眼，闊耳，高鼻及留黑鬚。

2. 鍾馗姿態多為站立，緩步徐行或倚樹而立，大多低頭俯視或抬頭仰望，與神話中斬鬼除妖形象較不同，多了一分文人氣息。

3. 順應繪畫市場需求，畫面中多有加入蝙蝠，鍾馗雙手合持菖蒲或笏版，以求辟邪趨福。

4. 表情甚少兇惡狀，兼工帶寫圖式的鍾馗多面露微笑，粗筆大寫意式的鍾馗面容較嚴肅。

（四）壽星圖

　　神話傳說中最後論及的是壽星圖，壽星即南極仙翁，黃慎畫筆下的壽星與傳統民間故事中的壽星造型相似，高額禿頂，白長鬚，慈眉善目及面帶喜色，茲就款文異同分類，於下列分述：

1. 款文題：「夒載哉是翁也，以八百歲為春，八百歲為冬，舉杯吞湖海之北，策杖返扶桑之東。」共有四件。〈人 057〉與〈人 153〉人物構圖與造形

圖 3-109

〈人 057〉〈南極仙翁圖〉

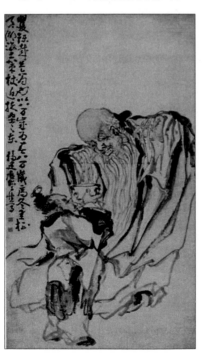

圖 3-110

〈人 153〉〈壽星圖〉

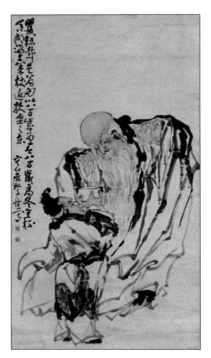

動態皆完全相同，仙翁居圖中，雙臂高舉至眼睛位置，雙手向下，留長指甲，面帶微笑注視畫面左下小僮，小僮雙手捧酒杯高舉，仙翁雙袖飄逸，長袍及地，黃慎以粗筆大寫衣紋線條，兩圖比較，〈人 057〉（圖 3-109）〔註 111〕署「福建癭瓢子慎寫。」人物衣紋線條厚重，衣褶轉折較圓轉，角度較圓，線質控制收放合宜，小僮身上墨塊與粗線組合層次分明，質感較佳。〈人 153〉（圖 3-110）〔註 112〕款文署「寧化癭瓢子慎寫」衣紋線條轉折較為單調，仙翁與小僮造型中的墨色濃淡接近，線條與墨塊組合較不自然。

〈人 127〉（圖 3-111）〔註 113〕款文署「福建寧化癭瓢老人寫。」仙翁居畫面右側，左手握一手卷，右手撫之，線條亦是粗筆大寫，衣紋較為複雜。〈7409 人〉（圖 3-112）〔註 114〕為癭瓢老人七十四歲所作，款文「策杖返扶桑

圖 3-111	圖 3-112
〈人 127〉〈仙人圖〉	〈7409 人〉〈**南極仙翁圖**〉

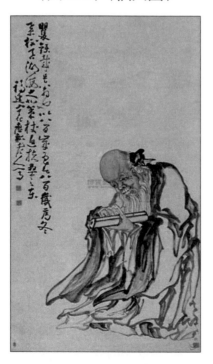 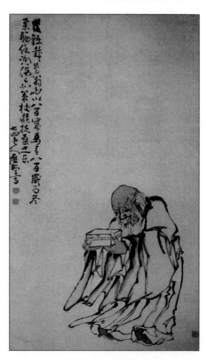

〔註 111〕　〈南極仙翁圖〉，257×125cm，安徽省博物館藏，出自《揚州畫派書畫全集‧黃慎》。

〔註 112〕　〈壽星圖〉，235.5×119cm，出自北京翰海 2006 秋季拍賣會。

〔註 113〕　〈仙人圖〉，193×101cm，出自北京保利 2008 春季拍賣會。

〔註 114〕　〈南極仙翁圖〉，天津市藝術博物館藏，出自《揚州畫派書畫全集‧黃慎》。

之東」，「返」字爲「遊」與前圖小異，仙翁位畫面右側，雙手持一方形盒，兩袖隨風向左飄逸，以兼工帶寫表現。

2. 款文題：「嘉祐七年十二月，京師有道人遊卜於市，體貌古怪，不與常類，飲酒無算。都人士異之，好事者潛圖其狀。後近侍達帝，帝引見，賜酒一石。飲及七斗，時司天臺奏：壽星侵帝座。忽失道人所在。仁宗喜嘆久之。閱世所寫壽星，松柏參差，粉飾鮮麗而已。而壽星之眞，果何如耶？我朝來萬物熙熙，無物不壽，宜乎壽星遊戲人間。珍禮是圖，與民同壽，此眞帝意也。」共有三件。

〈6401 人〉（圖 3-113）〔註 115〕款文較其它兩件作品多一句「衛人邵雍敬題」，署「乾隆十五年夏四月摹，寧化黃慎」仙翁爲半身像，雙手捧一方盒，大筆粗寫，效果尚可，背景以渲染表現雲霧效果。

圖 3-113　〈6401 人〉〈壽星圖〉　　圖 3-114　〈人 122〉〈壽星圖〉

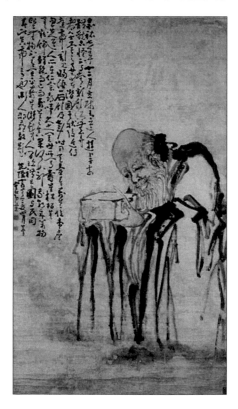 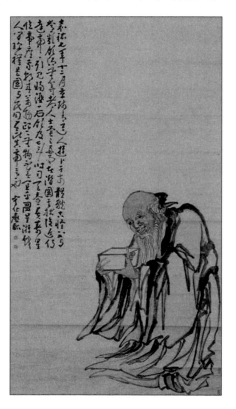

〔註 115〕〈壽星圖〉，245×136cm，揚州市博物館藏，出自《揚州畫派書畫全集・黃慎》。

〈人 122〉（圖 3-114）〔註 116〕爲全身像人物，款文署「寧化黃慎」動態與〈6401 人〉（圖 3-113）相同，兼工帶寫技法表現，線條稍粗。〈人 145〉（圖 3-115）〔註 117〕仙翁姿態與〈人 057〉（圖 3-109）相似，惟線條較細，線質偏硬，仙翁未注視持酒杯小僮，款文署「癭瓢」。

3. 款文僅署年月者：〈4408 人〉（圖 3-116）〔註 118〕款文「雍正八年秋九月閩中黃慎寫。」仙翁持一手杖側身之與畫面中央，面帶微笑，左上方有一蝙蝠，人物以兼工帶寫技法畫出，線條較細，運筆頓挫起伏明顯，中側鋒並用，爲黃慎雍正年間典型風格。

圖 3-115	圖 3-116
〈人 145〉〈獻飲圖〉	〈4408 人〉〈天降福壽〉

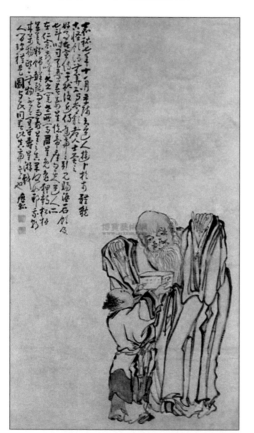 

〔註 116〕　〈壽星圖〉，175×97cm，出自中嘉 1995 年春季拍賣會。
〔註 117〕　〈獻飲圖〉，167×90.5cm，出自佳港 2008 春季拍賣會。
〔註 118〕　〈天降福壽〉，101.5×48.5cm，出自佳港拍賣會。

　　〈6914 人〉（圖 3-117）〔註 119〕款文「乾隆乙亥春三月寧化癭瓢子慎寫。」
仙翁持一手杖立於畫面右側，身後立一小僮，二者均面露微笑，仙翁與小僮
不類前述作品中之造型，仙翁行筆以中鋒為主，線條輕滑稚拙，衣紋轉折也
與黃慎之法相去甚遠，很難相信為黃慎腕下之作。

　　〈7202 人〉（圖 3-118）〔註 120〕圖中仙翁持一仙桃，戴一斗笠，回首注
視右方，款文書法風格及人物造形，與黃慎作品水準相差太遠，衣紋線條生
硬無變化，與〈6914 人〉應為同一類作品。款文「乾隆三十三年寧化黃慎
寫。」

圖 3-117
〈6914 人〉〈福壽圖〉（疑）

圖 3-118
〈7202 人〉〈壽星圖〉（疑）

〔註 119〕　〈福壽圖〉，124×65cm，出自上海老城隍廟 2001 秋季拍賣會。
〔註 120〕　〈壽星圖〉，195×103cm，出自中國嘉德 2008 春季拍賣會。

三、文人與仕女

（一）文人

黃慎描繪文人雅士的題材分類，大致可分爲賞花，採藥、彈琴及擊磬之類的風雅生活。

1. 賞花採藥型

此類可分爲賞梅，捧花及採藥三種圖式。

（1）賞梅

黃慎此題材描繪內容大多爲文人及小僮捧瓶梅或折梅枝賞花之一景。〈人048〉（圖 3-119）〔註 121〕一中年士人捧一瓶梅居畫面左側，衣紋線條偏細，人物造形比例準確，線條流暢自如，輕重有致，墨色較重落在花瓶口及士人所戴帽子及衣袖皺褶處，整件作品不僅展現黃慎造型能力，亦可見其從容自信駕馭線條的功力，款文「品原絕世誰同調，骨是平生不可人，作劉鰲石句，閩中黃慎。」

〈3802 人〉（圖 3-120）〔註 122〕畫左上方以草書題自作詩七律「花發平津望嶺頭，初疑剪彩出神州。霜容早試三分白，瘦影橫撐一半秋。南國佳人憐粉署，秣陵才子憶羅浮。酒闌傲舞銀江下，錯認孤山雪未收。甲辰夏畫并書七律《詠雙江郡齋八月梅花》寧化黃慎。」爲小僮捧瓶梅，老者賞梅，人物臉部形象與〈人 048〉（圖 3-119）相似，線條較〈人 048〉稍寬，畫面中賞梅老者居左側，捧瓶梅小僮位右下，老者身軀約四十五度朝向瓶梅，著長袍，戴頭巾臉部微朝下，雙眼凝神注視瓶梅，右手正欲撫摸瓶梅，左手彎曲手掌藏在袖中，圖中小僮，雙手捧一花瓶，瓶中插一折枝梅花，枝上有梅花數朵，老者臉部五官、鬍鬚及手掌用工細線條描繪，以赭石染出明暗立體感，頭巾、衣帶及鞋子以沒骨法重墨畫出，捧梅小僮臉部及手指亦用工細線條勾勒，並用赭石染明暗，小僮身形墨色線形變化較大，背部與右手袖口用重墨墨塊塗抹，右手臂衣紋亦用重墨勾勒且留白，留白處有數筆淡墨筆觸交待衣服質感，淡墨塊與線條畫出小僮下半身。

〈4511 人〉（圖 3-121）〔註 123〕爲三人一組的圖式，除捧花小童與賞花老

〔註 121〕〈賞梅圖〉，157×77.5cm，揚州市博物館藏，出自《揚州畫派書畫全集・黃慎》。
〔註 122〕〈愛梅圖〉，廣州美術館藏藏，出自《揚州畫派書畫全集・黃慎》。
〔註 123〕〈人物圖〉，124.7×64.7cm，無錫市博物館藏，出自《中國古代書畫圖目六》。

者之間尚一小童，小童右手袖口有一鳥，地上尚有一隻鳥，人物衣紋秀雅工
細，以較細線條寫出，款文「雍正九年嘉平月閩中黃慎寫。」

圖 3-119	圖 3-120	圖 3-121
〈人 048〉〈賞梅圖〉	〈3802 人〉〈愛梅圖〉	〈4511 人〉〈人物圖〉

　　〈人 082〉、〈人 059〉及〈人 135〉三作構圖及人物造形雷同。〈人 082〉
（圖 3-122）〔註 124〕款文「寄取桓玄畫一櫥，草堂仍是舊規模。膽瓶自插梅
花瘦，長憶春風乞鑒湖。癭瓢子慎寫」，老者雙手捧一花瓶自畫面右側走入，
衣紋線形筆力強勁，中側鋒兼用，線條粗細變化大。

　　〈人 135〉（圖 3-123）〔註 125〕人物形象與〈人 082〉同，惟袖口側鋒線
條更粗些，款文同〈人 082〉（圖 3-122）。〈人 059〉（圖 3-124）〔註 126〕老者
以側身四十五度面向畫面左，線質變化與〈人 082〉類似，款文亦與〈人 082〉
（圖 3-122）同。

〔註 124〕〈老叟捧梅圖〉，124×65cm，遼寧省博物館藏，出自《揚州畫派書畫全集·
　　　　黃慎》。
〔註 125〕〈插梅圖〉，116×58cm，出自北京翰海 2007 春季拍賣會。
〔註 126〕〈老叟捧梅圖〉，190.1×105.6cm，安徽省博物館藏，出自《揚州畫派書畫全
　　　　集·黃慎》。

圖 3-122　〈人 082〉　圖 3-123　〈人 135〉　圖 3-124　〈人 059〉
〈老叟捧梅圖〉　　　〈老叟捧梅圖〉　　　〈老叟捧梅圖〉

　　〈人 132〉（圖 3-125）〔註 127〕老者左手折一梅枝，雙目低頭注視梅枝，此作似手畫在較暈的宣紙，運筆快速，線條轉折粗細變化較少，款文「莫道歸來無故物，梅花清福也難消，癭瓢。」

　　〈人 118〉（圖 3-126）〔註 128〕此作亦寫一老翁抱瓶梅賞花，老翁居畫面下方，衣紋線條生硬，衣物質感看似石塊，與黃慎表現手法相去甚遠，款文錄自黃慎書作〈5705 冊-8〉為「梅花三十樹，數畝草堂分。竟日無來客，關門理舊文。罄瓶防夜凍，瀘酒待朝醺。堤上閑叉手，風生水面紋。」似側鋒居多，筆力較弱，且款文中「酒」字明顯錯誤，令人存疑。

（2）採藥

　　此類圖示共有六件，以描繪老翁山中採藥歸來，怡然自得貌為主。〈人007〉（圖 3-127）〔註 129〕老翁右手提藥籃，兩衣袖極長，隨風飄逸，衣紋線

〔註 127〕　〈折梅圖〉，出自《黃慎書畫集》。
〔註 128〕　〈賞梅圖〉，171×44.5cm，出自北京翰海 2006 春季拍賣會。
〔註 129〕　〈採茶老翁圖〉，91×35cm，首都博物館藏，出自《揚州畫派書畫全集・黃慎》。

條簡練，無墨色渲染層次，老翁面露微笑俯視左下方，款文「紅塵飛不到山家，自採峰頭玉女茶，歸去溪雲攜滿袖，曉風吹亂碧桃花。慎。」

圖 3-125　　　圖 3-126　〈人 118〉　　圖 3-127　〈人 007〉
〈人 132〉〈折梅圖〉　　〈賞梅圖〉（疑）　　　〈採茶老翁圖〉

〈3501 人〉、〈4002 人〉及〈人 154〉三件作品人物形象與構圖皆相同。〈3501 人〉（圖 3-128）〔註 130〕老翁右手提藥籃，左手拿靈芝至面前品賞，人物形象以較細線質構成，粗細變化小，款文「洗藥每臨新瀑水，步虛時上最高峰。辛丑秋八月寫於雙江書屋，閩中黃慎。」

〈4002 人〉與〈人 154〉二者筆墨構成形式接近，皆以大筆淡墨色塊畫衣物暗面，以較細線勾寫人物輪廓，重墨線落在衣袖褶紋及衣袖下端，背景在用淡墨渲染，惟〈4002 人〉（圖 3-129）〔註 131〕圖左上方款文「採芝圖，雍

〔註 130〕〈採藥老人圖〉，134×56cm，重慶歷史博物館藏，出自《揚州畫派》。
〔註 131〕〈採芝圖〉，114.5×60cm，廣州市博物館藏，出自《揚州畫派書畫全集・黃慎》。

正四年三月作於廣陵草堂，閩中黃慎。」筆法較靈活，線條流暢，畫中繪一
老者，白髮長鬚，左手持一靈芝，右手提一籃子，籃中草藥垂懸籃外，老者
側身向左行走，老者白髮髯鬚、臉部五官及手部用長短不同的工細線條畫出，
以赭石染明暗，採芝老者衣紋以濃淡乾濕並用，中鋒及側鋒並施的線條畫出，
用筆速度頗快，再以淡墨大筆塗抹衣服暗面，濃淡線條局部交疊，構成採芝
老者形象。〈人 154〉（圖 3-130）〔註 132〕衣紋線條較板，略顯雜亂，款文「雖
慚老圃秋容淡，才有黃花晚節香，閩中黃慎。」

圖 3-128 〈3501 人〉　　　　圖 3-129　　　　　　圖 3-130 〈人
　〈採藥老人圖〉　　〈4002 人〉〈採芝圖〉　154〉〈愛菊圖〉

　　　〈7001 人〉與〈人 117〉二圖皆為黃慎粗筆大寫意作品，〈人 117〉（圖
3-131）〔註 133〕無紀年，應屬乾隆年間晚期所繪，此類大寫意作品，易放難收，
癭瓢晚期此類作品頗多，但未必件件佳作，偶有敗筆之作，此二圖屬其中較

〔註 132〕〈愛菊圖〉，151.5×47cm，出自西泠印社 2006 秋季拍賣會。
〔註 133〕〈採藥老翁圖〉，177×104cm，出自上海崇源 2007 年秋季拍賣會。

佳，老翁衣紋以粗筆大寫意呈現，筆墨縱橫氣勢兼有造形結構精準，墨色濃淡有別，衣服褶紋暗面墨色渲染較多，〈人 117〉款文「鋤靈藥，無事焚香到古松，瘦瓢子慎寫。」

　　〈7001 人〉（圖 3-132）〔註 134〕爲黃慎於乾隆二十一年七十歲所作，款文「西州城裏拜徵君，惟是飄然驚鶴群。眼底麝香迷嶽草，袖中雲影散溪紋。從來去住無行踪，不與尋常逐世紛。比日相逢應莫問，也知名姓上清聞。乾隆丙子春月寫，寧化瘦瓢子慎。」

<table>
<tr><td>圖 3-131</td><td>圖 3-132</td></tr>
<tr><td>〈人 117〉〈採藥老翁圖〉</td><td>〈7001 人〉〈採藥老翁圖〉</td></tr>
</table>

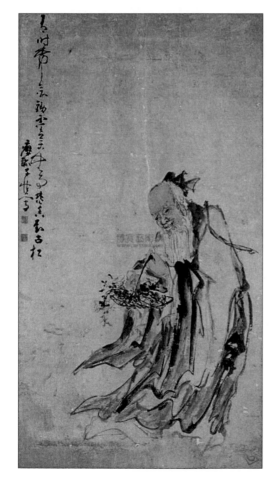 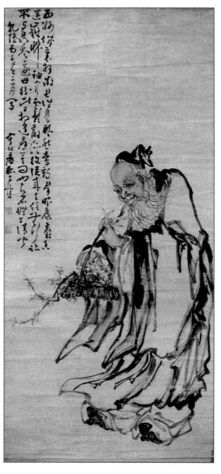

〔註 134〕〈採藥老翁圖〉，178×87.6cm，雲南省博物館藏，出自《揚州畫派書畫全集・黃慎》。

（3）捧花

老者捧花圖式共有五件。〈人008〉（圖3-133）〔註135〕款文「海上歸來鬢
已華，頻將九轉試丹砂，世人欲識先生面，請看頭顱三朵花。」以大筆粗線
條寫人物，老翁高舉花籃，低頭俯視畫面右下方，衣紋線條效果尚可。〈人
146〉（圖3-134）〔註136〕款文與〈人008〉（圖3-133）同，但「頻將九轉識丹
砂，請看頭樓三朵花」，「頻」字爲「憑」，「請」字爲「且」。

圖3-133　　　　　　　　　　　圖3-134
〈人008〉〈人物圖〉　　　　　〈人146〉〈捧花老人圖〉

 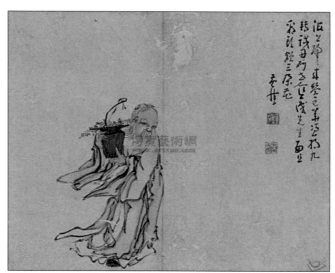

　　　　〈人023〉（圖3-135）〔註137〕款文「學道無成鬢已華，不勞千劫漫蒸砂。
歸來且看一宿覺，未暇遠尋三朵花。兩手欲遮瓶裏雀，四條深怕井中蛇。畫
圖要識先生面，試問陵房好事家。房州通判許安世以書遺余，言吾州有異人，
嘗戴三朵花，莫知其姓名，郡人因以三朵花名之。能作詩，皆神仙意。又能
自寫眞，人有得之者。許以一本見惠，乃爲作此詩。寧化癭瓢子愼摹。」爲
黃愼文人捧花圖式中最佳的一件，老翁居畫面右側，雙手高舉花籃，老者面
容較〈人008〉蒼老，衣紋線條採粗細相間，粗重線落在兩衣袖間、背部及右

〔註135〕〈人物圖〉，182.3×97.8cm，中國歷史博物館藏，出自《揚州畫派書畫全集·
　　　　黃愼》。
〔註136〕〈捧花老人圖〉，26×32cm，出自中嘉2008春季拍賣會。
〔註137〕〈捧花老人圖〉，154.1×63.2cm，出自《癭瓢山人黃愼書畫集》。

袖外緣，以輕快細線畫出老翁動態，再以淡墨大筆刷出衣服質感及暗面。

　　〈5814 人〉（圖 3-136）〔註 138〕款文爲「乾隆九年十一月寫於竹西客舍，黃慎。」老翁在松樹下休憩，此圖人物比例十分不合理，行筆單調，線條欠缺變化，款文書法水準與黃慎相去甚遠。〈6215 人〉（圖 3-137）〔註 139〕老翁白髮及鬍鬚處理較粗糙，人物造型，筆墨形式及款文皆太差，前述〈5814 人〉及〈6215 人〉應非黃慎之作。

<table>
<tr><td align="center">圖 3-135
〈人 023〉〈捧花老人圖〉</td><td align="center">圖 3-136
〈5814 人〉〈捧花老人休憩圖〉（疑）</td></tr>
</table>

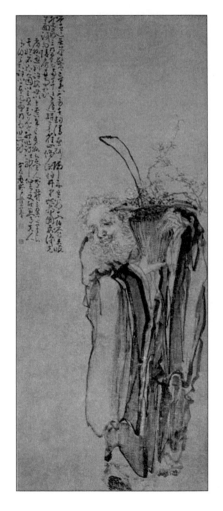

〔註 138〕　〈捧花老人休憩圖〉，157×86cm，出自上海崇源 2005 春季拍賣會。
〔註 139〕　〈老道翁圖〉，137×68cm，出自中嘉 2009 秋季拍賣會。

圖 3-137 〈6215 人〉　　　　　　　圖 3-138
〈老道翁圖〉（疑）　　　　　〈7106 人〉〈停琴伴菊圖〉

（4）彈琴

　　〈7106 人〉（圖 3-138）〔註 140〕款文「不羞老圃秋容淡，且看黃花晚節香。乾隆丁丑十二月寫於江西旅館，癭瓢」老翁側身面向畫面左側橫放地上一琴，衣紋線條以較粗重筆調寫出。

　　〈4003 人〉（圖 3-139）〔註 141〕款文「人事有同今日意，黃花只作去年香。丙午小春月寫似柯亭學先生粲。閩中黃慎。」為黃慎早期之作，構圖與〈7106 人〉相似，線條質感大異其趣，此兩件作品可作為黃慎兼工帶寫圖式，早期與晚期差異對照，早期線條較細，形筆輕快流暢，衣紋簡省；晚期線條較粗，運筆雄強渾厚，衣紋較繁複。

　　〈5705-1 冊〉與〈人 119〉二者構圖相近款文內容相同，〈5705-1 冊〉（圖 3-140）〔註 142〕款文以小楷「惟倚梧之所生兮；託峻嶽之崇岡。披重壤臥涎載兮，參辰極而高驤。含天地之醇和兮，吸日月之休光。郁紛紜以獨茂兮，飛英蕤於吳蒼。夕納景於虞淵兮，旦晞干于九陽。經千載以待價兮，寂神躊而永

〔註 140〕〈停琴伴菊圖〉，108×196cm，山西省博物館藏，出自《揚州畫派書畫全集‧黃慎》。

〔註 141〕〈對菊彈琴圖〉，出自《揚州畫派》。

〔註 142〕〈停琴倚石圖〉，36.9×28.4cm，南京博物院藏，出自《黃慎書畫集》。

圖 3-139
〈4003 人〉〈對菊彈琴圖〉

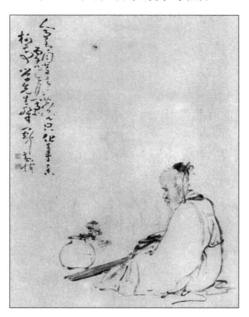

圖 3-140
〈5705-1 冊〉〈停琴倚石圖〉

康。」老翁斜臥面前石塊，背後石塊上橫一琴，背景有一大石，人物衣紋以工細線表現，型態生動。

　　〈人 119〉（圖 3-141）〔註 143〕仿〈5705-1 冊〉工細線表現手法，線條單薄軟弱，背景石塊與款文均差。

　　〈人 159〉（圖 3-142）〔註 144〕老翁將琴高舉面前，小僮於老翁右後，款文自右而左橫據畫面二分之一，款文行高尾齊頭不齊，形成視覺動態，在黃慎作品中相當少見。

（5）擊磬

　　此類題材，取其「吉慶」吉祥之意。〈人 029〉（圖 3-143）〔註 145〕款文「氣化雷，大聲吼，驚醒尼父周公夢。肅衣冠，神抖搜，考石有音惟泗

圖 3-141　〈人 119〉
〈人物圖〉（疑）

〔註 143〕　〈人物圖〉，177.5×95cm，出自北京翰海 2006 春季拍賣會。
〔註 144〕　〈賞琴圖〉，21.8×32.5cm，出自佳港 2009 春季拍賣會。
〔註 145〕　〈擊磬圖〉，175×87.4cm，南京博物院藏，出自《揚州畫派書畫全集·黃慎》。

圖 3-142 　〈人 159〉〈賞琴圖〉

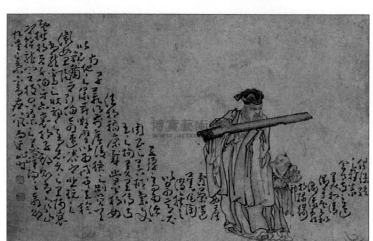

圖 3-143 　〈人 029〉〈擊磬圖〉　　　圖 3-144 　〈人 030〉〈執磬圖〉

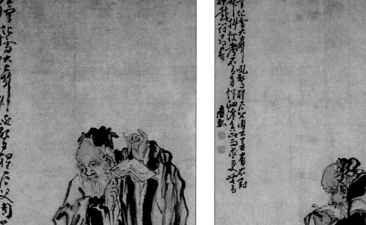

濱。捨此而求更無有，神載符節奏。黃愼。」老翁高舉磬，作欲擊狀，老翁
衣紋以大筆寫粗線條，衣褶過多繁雜爲其失。〈人030〉（圖3-144）〔註146〕老
翁側身欲擊磬，以粗筆大寫，衣紋效果尚可，款文同〈人030〉（圖3-144）。

　　〈人089〉（圖3-145）〔註147〕爲本圖式中較佳的一件，以粗細線相間表
現衣紋，淡墨塗刷衣物質感，款文與〈人029〉（圖3-143）一字不同，「更無
有」爲「更何有」。

　　〈6809人〉（圖3-146）〔註148〕與〈人089〉（圖3-145）構圖造型接近，
人物比例較大，但線條輕浮，對線條駕馭能力與黃愼表現有很大差距，款文

圖3-145
〈人089〉〈擊磬圖〉

圖3-146
〈6809人〉〈吉慶圖〉（疑）

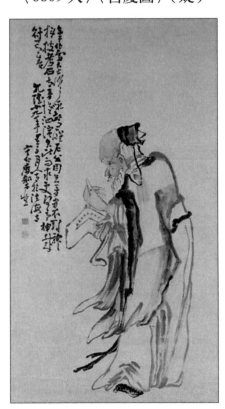

〔註146〕　〈執磬圖〉，177×90.5cm，南京博物院藏，出自《揚州畫派書畫全集·黃
　　　　　愼》。
〔註147〕　〈擊磬圖〉，142×66cm，廣東省博物館藏，出自《揚州畫派書畫全集·黃
　　　　　愼》。
〔註148〕　〈吉慶圖〉，176.5×88cm，出自港佳2008春季拍賣會。

書法亦差，作品令人存疑。〈7310 人〉（圖 3-147）〔註 149〕畫老翁擊磬，以兼工帶寫方式表現，線質單調，作品水準與瘦瓢落差太大，款文「擊磬圖，乾隆己卯年秋月寫於美城草堂，黃慎。」

圖 3-147
〈7310 人〉〈擊磬圖〉（疑）

圖 3-148　〈人 121〉
〈焚香告天圖〉

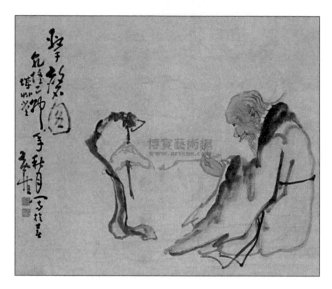

（6）焚香圖

〈人 121〉（圖 3-148）〔註 150〕款文「焚香告天圖，瘦瓢黃慎」文人舉香爐仰首告天，左側有一鶴，仕人後有一小童抱琴，人物造形線條以中鋒為主，線質渾厚沉穩。〈人 141〉（圖 3-149）〔註 151〕款文「黃慎恭壽氏寫」黃慎以簡筆手法寫一老翁席地而坐，焚香告天，以淡墨渲染煙霧環繞畫面四周，筆墨形式言簡意賅，氣氛幽遠。

〈人 136〉（圖 3-150）〔註 152〕二老翁，一坐一立，注視畫面左下香爐，人物造形不似黃慎手法，線條軟弱，盤坐老翁，頭部與肩部比例不正確，十分可疑，款文「世事紛紛皆欲醉，仙家獨自道中醒。金丹放出飛昇去，衝破秋空一點青。寧化瘦瓢子慎寫。瘦瓢黃慎。」

〔註 149〕〈擊磬圖〉，75.5×88cm，出自中貿聖佳 2009 秋季拍賣會。
〔註 150〕〈焚香告天圖〉，154.5×84cm，出自中嘉 2008 年春季拍賣會。
〔註 151〕〈焚香圖〉，出自榮寶 2000 秋季拍賣會。
〔註 152〕〈煉丹圖〉，159.5×90cm，出自瀚海 2002 春季拍賣會。

圖 3-149
〈人 141〉〈焚香圖〉

圖 3-150
〈人 136〉〈煉丹圖〉（疑）

（二）仕女

黃慎筆下的仕女形象，與傳統仕女畫纖弱的病態美，已有差異，大多類似鄰家女子或日常生活中常見的女性，圖錄共見得十一件，以攜琴及抱物者居多，以下就其二類分述：

1. 攜琴型仕女

此圖式共有七件，站立者造型大都是行進間回首俯視，表現女性秀麗婉約的形象，體態類似麻姑圖式中常出現的 S 形「三折法」，〈3801 人〉、〈3905人〉、〈4510 人〉、〈5404 冊-2〉及〈5302 人〉皆是此類。〈3801 人〉（圖 3-151）〔註153〕左下角以草書署：「甲辰小春月醉後漫寫於燈下，閩中黃慎。」黃慎將圖中仕女安排於畫面中心，緩步行走，由左至右行進，右手臂夾一張琴，身

〔註153〕〈攜琴仕女圖〉，泰州市博物館藏，出自《揚州畫派書畫全集·黃慎》。

體為向右前傾，臉部向畫面左下傾斜，目光亦注視左下角，仕女臉部用工細筆法畫出，頭髮用速度較快的細線描寫，加以墨色渲染，在外側的衣服，肩部及領口用較粗的重墨線畫出，胸口至腰部，用側鋒大筆以淡墨畫出衣服層次變化；內側衣服，以乾濕交錯使用的淡墨線形畫出兩袖及下半身衣服，左手所攜古琴，以重墨勾出輪廓，用淡墨側鋒畫出琴身。

〈3905 人〉（圖 3-152）〔註 154〕款文以草書題「樂哉新婚，鼓瑟鼓簧；為以旨酒，載笑載觴。悠悠長道，露湑碧草；愁來煎心，匪不我好。歷歷三臺，下土徘徊；今我不樂，日月相攦。仰視宵漢，出門天旦；鋏好誰彈，長吁累嘆。雍正三年秋寫於三山草廬。」女子攜琴自畫面左方走入，居畫面中

圖 3-151
〈3801 人〉〈攜琴仕女圖〉

圖 3-152
〈3905 人〉〈攜琴仕女圖〉

〔註 154〕〈攜琴仕女圖〉，江蘇靖江市博物館藏，出自《黃慎書畫集》。

間，右手彎曲，左手夾琴，琴自右下橫自左上，低頭俯視左方，女子外層衣服，黃慎用墨塊塗抹，內層衣服，採用線條表現，線質輕快流暢，轉折圓滑，呈現女子衣物質感及輕盈的體態。

〈4510 人〉（圖 3-153）〔註 155〕與〈3905 人〉構圖造型完全相同，攜琴女子體態衣紋表現亦同，臉部露出微笑，衣紋較前者複雜，〈3905 人〉（圖 3-152）款文「樂哉新婚，鼓瑟鼓簧；爲以旨酒，載笑載觴。悠悠長道，露泡碧草；愁來煎心，匪不我好。歷歷三臺，下土徘徊；今我不樂，日月相摧。仰視霄漢，出門天旦；鋏好誰彈？長吁累嘆。雍正三年秋寫於三山草廬。」〈4510 人〉同款文〈3905 人〉（圖 3-152），署「雍正九年十二月寫於美成草堂，閩中黃慎。」

圖 3-153	圖 3-154
〈4510 人〉〈攜琴仕女圖〉	〈5302 人〉〈抱箏仕女圖〉

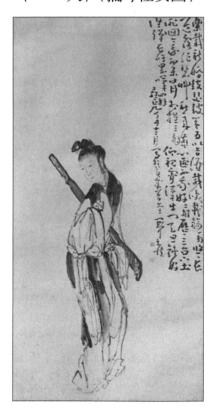 

〔註 155〕〈攜琴仕女圖〉，126×58.5cm，瀋陽故宮博物院藏，出自《癭瓢山人黃慎書畫集》。

〈5302 人〉（圖 3-154）〔註 156〕款文「繡被難溫倚半床，洗空秋月照雕樑。書成顛倒鴛鴦字，夢破還餘淹叭香。詠雪庭中推謝女，鳴箏筵上顧周郎。晚妝露冷添衣薄，帘影偷窺鬢影長。乾隆四年十二月寫句意一首，呈勉翁大先生教正，寧化黃慎。」女子位畫面右側，雙手抱琴，琴倚靠在女子左肩，衣紋線條頓挫起伏較前二件雍正年間所繪〈3801 人〉、〈3905 人〉強，女子臉型及體態以豐腴方式表現。

〈人 097〉（圖 3-155）〔註 157〕畫中女子橫臥地上，側身倚琴，左手直扇，衣紋線條行筆以中鋒爲主，款文寫十五行草書占去畫面左半部「江南將北春水滿，江上客廬春雨瀋。可憐柔綠與嫣紅，多少東風吹不斷。此時買酒問梨花，醉中撫景來天涯。愁懷美人目渺渺，蘸墨濡毫淬舜華。唇紅巧笑想瓠齒，額黃淺淡憶獺髓。捲簾斜抱縷金裙，入戶難抬刺繡履。手製齊紈名合歡，言題未題如聞歡。腰支綬帶止一尺，頭上犀玉空辟寒。龍綃光薄露紅玉，鳳髻倭嬌耀金屋。心煩語默良難知，綠綺不彈空置之。世不知音空日暮，篸婋妥影劍雙眉。均不見當年婕好咏團扇，曾辭同輦第聞善。重之不以色事君，肯將鉛粉塗其面。瘦瓢。」

圖 3-155　〈人 097〉〈倚琴執扇美人圖〉

〔註 156〕〈抱箏仕女圖〉，90×47.5cm，貴州省博物館藏，出自《瘦瓢山人黃慎書畫集》。

〔註 157〕〈倚琴執扇美人圖〉，92×129.5cm，貴州省博物館藏，出自《瘦瓢山人黃慎書畫集》。

　　〈人 094〉（圖 3-156）〔註 158〕圖中仕女動態與〈人 097〉（圖 3-155）相同，下半身衣紋較多，款文較〈人 097〉多二句「幾回舞罷嬌不勝，幾度曲中弦柱促。」

　　〈5404 冊-2〉（圖 3-157）〔註 159〕爲冊頁裝，人物體態造型同〈3905 人〉，背景有一石，人物採工細筆法畫出，線條秀雅，款文爲「金鴨香消冷繡幃，卻

圖 3-156　　〈人 094〉〈停琴倚扇圖〉

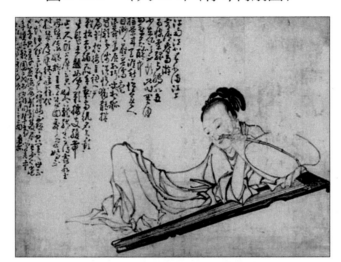

圖 3-157　　〈5404 冊-2〉

〔註 158〕〈停琴倚扇圖〉，96.5×127.5cm，四川大學藏。
〔註 159〕〈攜琴仕女圖〉，出自《黃慎畫集》。

憐酒醒換春衣。蓮塘妒殺雙棲翼,打得鴛鴦對對飛。開到棠梨燕未知,鶯箋書破定情詩。燈前無語羞郎抱,愁壓春寒小立時。風墮輕雲氣吐蘭,畫衣猶自怯春寒。粉勻朝涴茶蘼露,不語臨風斗玉盤。」

2. 抱物型仕女

此類圖式共收得四件,〈3902 人〉(圖 3-158)〔註 160〕款文「乙巳春日寫於廣陵客舍,黃慎」。圖中仕女抱一花瓶,瓶中插一梅枝,回首向左俯視,姿態優雅,人物線條較細。

圖 3-158
〈3902 人〉〈瓶梅仕女圖〉

圖 3-159
〈4301 人〉〈紉藍仕女圖〉

〔註 160〕〈瓶梅仕女圖〉,92.2×39.5cm,山東省博物館藏,出自《中國古代書畫圖目十六》。

　　〈4301 人〉（圖 3-159）〔註 161〕款文「幼蘭。雍正七年二月作於美成草閣黃慎。」為黃慎四十三歲所作，圖中少女右手拈一蘭花，側身向右行走，回首向左俯視，少女衣紋行筆快速，線條流暢瀟灑。〈4401 人〉（圖 3-160）〔註 162〕款文「雍正八年春三月圖，癭瓢山人。」仕女抱一瓶於胸前，兩袖衣紋及下半身衣褶雖多，線條粗細交錯，不覺雜亂。

　　〈人 087〉（圖 3-161）〔註 163〕仕女居畫面右側，面向左雙手環抱一鴛鴦形瓷盉，仕女氣質端莊雅淑，衣紋線條大多以淡墨勾寫，袖口及衣帶局部用

圖 3-160
〈4401 人〉〈抱瓶仕女圖〉

圖 3-161
〈人 087〉〈鴛盉仕女圖〉

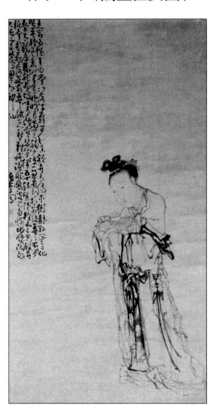

〔註 161〕　〈幼蘭仕女圖〉，66×34.8cm，重慶市博物館藏，出自《揚州畫派書畫全集・黃慎》。

〔註 162〕　〈抱瓶仕女圖〉，100.1×47.8cm，揚州市文物博物館藏，出自《中國古代書畫圖目六》。

〔註 163〕　〈鴛盉仕女圖〉，132×64cm，河南省博物館藏，出自《揚州畫派書畫全集・黃慎》。

較重墨線，整幅作品色彩淡雅，款文「芙蓉爲帳金爲堂，冷落流蘇百合香。額角有傷求獺髓，縣門無日化鴛鴦。軟風委地春花晚，明月當天繡户涼。一自蕭郎經別後，舞衣閑疊合歡床。雙龍畫燭吐青烟，寶瑟閑揮五十弦。髻墜盤雲光殿角，據如飛燕落筵前。舞腰一尺愁何減，淚眼盈波見易憐。堪飛笑郎空悵望，藍橋回首即神仙。癭瓢子寫。」

黃慎筆下仕女畫有幾項特點：

1. 仕女形象多是如小家碧玉的鄰家女子，較無傳統仕女畫中弱不禁風的女性造型。

2. 女子體態亦如麻姑圖式一般，多用 S 型「三折法」，在含蓄保守的姿態中，有動態的變化，又不失女子端莊賢淑的形象。

3. 臉部用細線勾勒，多是左側四十五度，面帶微笑或愉快表情，皆未用淡赭染色，向左方俯視。

4. 表現女性衣物的柔軟質感，衣紋線條較細，頓挫轉折較圓，較少見衣紋過多重複描繪之失。

四、平民與漁翁

黃慎自幼家庭清貧，出身自社會中下階層，遊歷大江南北各地，接觸不同層面的人物，加上黃慎主觀意識的選擇，將現實生活的感受與觀察，融入作品創作中，以庶民題材入畫，在黃慎之前不多見，癭瓢嘗試在文人畫常見題材外，尋找不同的面向的表現類型，以下就平民與漁翁二類分述。

（一）平民

1. 教子圖

黃慎所繪教子圖有關圖式，共見得三件，〈4004 人〉與〈4016 人〉皆爲雍正四年（1726），黃慎四十歲所作。〈4004 人〉（圖 3-162）〔註164〕款文「教子尤難老著書。丙午小春月，閩中黃慎寫於廣陵書屋。」老翁坐於畫面右側，右手指點立於畫面左側小童，小童雙手持書本，專心注視書本。〈4016 人〉（圖 3-163）〔註 165〕款文爲「教子尤勤老著書。丙午小春月作於廣陵草堂，閩中黃慎。」構成亦同，老翁爲站立，兩作品皆以較細線條畫出，提按頓挫

〔註164〕 〈教子圖〉，71×75.5cm，揚州市文物商店藏，出自《中國古代書畫圖目六》。
〔註165〕 〈人物圖〉，53.5×112cm，出自中貿聖嘉 2006 秋季拍賣會。

動作較小，臉部淡赭著色，人物型態自然。

圖 3-162
〈4004 人〉〈教子圖〉

圖 3-163　〈4016 人〉
〈人物圖〉

〈5403 人〉（圖 3-164）〔註 166〕負孫圖，寫老翁持枴杖肩負孫子，表情愉快，將老翁逗弄其孫歡樂的畫面及人物心理狀態傳神畫出，行筆雖快速，線條不覺輕浮，可見其用筆老練沉穩，款文「乾隆五年春三月寫，閩中黃慎。」

2. 盲人圖式

黃慎所繪平民中下階層更弱勢的盲人，目前可見圖片共三件。〈4509 人〉（圖 3-165）〔註 167〕款文署「雍正九年十二月閩中黃慎寫。」盲叟圖為黃慎四十五歲所作，描寫一小童攙扶盲叟，盲叟雙眼張開。眼瞼下垂，嘴巴張開微笑，人物衣紋勁挺流暢，用筆瀟灑，局部暗面塗刷，盲叟受小童協助，所流露出歡欣的神情，黃慎表現十分精彩。

〔註 166〕〈負孫圖〉，136×63cm，瀋陽故宮博物館藏，出自《癭瓢山人黃慎書畫集》。
〔註 167〕〈盲叟圖〉，122.4×53.7cm，天津市藝術博物館藏，出自《揚州畫派書畫全集・黃慎》。

圖 3-164 〈5403 人〉〈負孫圖〉　　圖 3-165 〈4509 人〉〈盲叟圖〉

　　〈5802 人〉（圖 3-166）〔註 168〕群盲眾訟圖，款文「一腔於熱血，兩顆失明珠。聚訟知何事？乾坤笑腐儒。乾隆九年二月寧化黃慎寫。」此作為黃慎知名的作品之一，描繪一群盲人因事而爭吵，以畫面中心以高舉手杖的老翁為主軸，老翁戴帽，留長鬚，雙目緊閉，表情激動，正欲持手杖向前敲下，旁立三人與其爭吵拉扯，一人搶奪老翁手杖，一人拉住其左手，另一人閉一眼扯老翁背後，畫面後方一人呼喚他人勸架，老翁左側一人，一眼張，面露微笑勸阻，似乎對其爭吵感到好笑，畫面右側一人緊閉雙眼，伸出左手，快步走入畫面中心攔阻，左側雙眼緊閉老翁似被推到，正在地面爬行，八人表

〔註 168〕〈群盲聚訟圖〉，67.3×87.2cm，蘇州市博物館藏，出自《黃慎書畫集》。

情，動作各異，人物聚散有致，線條行筆快速，造型精準傳神，黃慎處理群像一類作品，擅長用戲劇化誇張手法表現，此作尤爲傑出。

〈6408 人〉（圖 3-167）〔註 169〕寫一盲婦雙手抱一琵琶，持一手杖，神情平和，粗細線條並用，墨色濃淡搭配合宜，款文「橋前終是鄭兒歌，捫燭高燒奈汝何？彈出開元天寶事，至今江上月明多。乾隆十五年小春寫於鷲江，瘦瓢山人。」

圖 3-166　　　　　　　　　　圖 3-167　〈6408
〈5802 人〉〈群盲聚訟圖〉　　　　人〉〈琵琶盲婦圖〉

另有天津市歷史博物館藏《故事人物冊》〈3401 人〉（圖 3-168）〔註 170〕爲康熙五十九年所作爲黃慎早期作品，作品內容皆爲人物故事，如〈洛神圖〉、〈漁家樂圖〉、〈陶淵明飲酒圖〉、〈琴趣圖〉、〈有錢能使鬼推磨〉、〈家累圖〉、〈西山招鶴圖〉、〈郭橐駝種竹圖〉及〈絲綸圖〉。在〈漁家樂〉及〈陶淵明飲酒圖〉二圖中人物衣紋用偏向寫意線條描繪，動態與體感也嘗試使用簡單墨塊處理，其餘如〈洛神圖〉、〈琴趣圖〉、〈有錢能使鬼推磨〉、〈家累圖〉、〈西山招鶴圖〉、〈郭橐駝種竹圖〉及〈絲綸圖〉均使用工筆細緻的傳統鐵線描與游絲描表現畫中人物神韻與動態。

〔註 169〕〈琵琶盲婦圖〉，137×55cm，天津市文物公司藏，出自《中國古代書畫圖目六》。

〔註 170〕〈故事人物圖〉，25×24.3cm，天津歷史博物館藏，出自《揚州畫派》。

圖 3-168

〈3401 人-1〉〈洛神圖〉

〈3401 人-2〉〈漁家樂圖〉

〈3401 人-3〉〈陶淵明重陽飲酒圖〉

〈3401 人-4〉〈琴趣圖〉

〈3401 人-5〉〈有錢能使鬼推磨圖〉

〈3401 人-6〉〈漂母飯信圖〉

〈3401 人-7〉〈家累圖〉

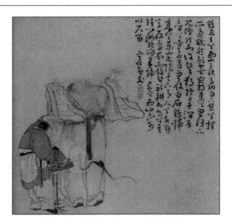

〈3401-人 8〉〈西山招鶴圖〉

〈3401 人-9〉〈郭橐駝種竹圖〉

〈3401 人-10〉絲綸圖〉

（二）漁翁

　　描寫漁家的圖式，多寫漁家樂天知命之情狀。依構成分爲兩類，一爲雙
人式構圖，一爲單人式構成，以下就二類分述。

1. 雙人式構圖

　　此類構圖大多漁翁在畫面右側，漁婦或小童立於左側。〈4807 人〉（圖
3-169）〔註171〕款文「雍正十二年長至日閩甲黃慎寫。」老漁翁右手持釣竿，
左手持繩掛一魚，此作爲黃慎四十八歲所作，爲黃慎典型的兼工帶寫圖式，
人物衣紋以流暢的線條勾寫，用淡墨塊塗刷衣物質感及暗面，重墨在袖口、

〔註171〕〈漁翁得利圖〉，134.2×71.3cm，江蘇鎮江市博物館藏，出自《揚州畫派書
　　　　畫全集・黃慎》。

肩部及局部衣褶出現。

〈人032〉（圖3-170）〔註172〕款文「漁翁晒網趁斜陽，魚婦攜筐入市場。換得城中鹽菜米，其餘沽酒出橫塘。」老漁翁左手持繩掛魚，魚尾跳動，魚婦採仕女圖式的三折法，魚婦上半身線條採重墨，下半身衣紋以淡墨線條，線質較細，表現女性溫婉特質，老漁翁持魚貨開心向魚婦出示，描寫漁翁漁婦樂天知命的情狀，淡墨塊圖刷在漁翁袖口及上半身，老翁衣紋線條與墨塊組合視覺協調效果良好。

〈人083〉（圖3-171）〔註173〕此圖為絹本，款文書「懷昔蠡湖湖上住，湖邊常泊舟無數。舟中有女正少年，皎若芙蓉沐朝露。照影無言只自憐，自憐欲倩誰調護。春花春柳處處同，十五十六閒教度。清曉黃昏風月生，往來慣逐雙飛鷺。朝來又喚打魚圍，打得金鱗喜正肥。親手攜將市上去，賣錢買得胭脂歸。愛他吳女梳妝好，也學輕將螺黛掃。妝罷舟橫理棹忙，綠雲青霧

圖3-169　〈4807人〉　　圖3-170　〈人032〉　　圖3-171　〈人083〉
　　〈漁翁得利圖〉　　　　　〈漁翁漁婦圖〉　　　　　〈漁父漁女圖〉

〔註172〕〈漁翁漁婦圖〉，124.1×56.9cm，南京博物院藏，出自《癭瓢山人黃愼書畫集》。

〔註173〕〈漁父漁女圖〉，119.6×59.7cm，遼寧省博物館藏，出自《揚州畫派書畫全集‧黃愼》。

飄銀塘。河洲忽聽關關好，誰賦周南第一章。寧化癭瓢子慎。」現藏遼寧省
博物館，構圖與〈人032〉（圖3-170）相同，魚貨在漁婦左手，人物線質秀雅
較〈人032〉爲工細。

〈5710人〉（圖3-172）〔註174〕與〈人083〉相似，款文「漁翁晒網趁斜
陽，魚婦攜筐入市場。換得城中鹽菜米，其餘沽酒出橫塘。」

2. 單人式構圖

〈人155〉、〈人085〉、〈人110〉及〈人134〉四件作品構成相似，款文
相同，漁翁右手持魚竿，左手握魚貨，向畫面左側行走。

〈人110〉（圖3-173）〔註175〕款文「籃內河魚換酒錢，蘆花被裏醉紅眠，
每逢風雨不歸去，紅蓼灘頭泊釣船。寧化黃慎。」現藏大阪市立美術館，在
圖版上常可見到，爲黃慎知名的作品之一，上半身以淡墨大筆塗刷，加以重
墨線勾勒，漁翁下半身以細線描寫，人物整體感較佳。

| 圖3-172　〈5710人〉 | 圖3-173 | 圖3-174 |
| 〈漁翁漁婦圖〉 | 〈人110〉〈漁翁圖〉 | 〈人085〉〈漁樂圖〉 |

〔註174〕〈漁翁漁婦圖〉，上海老城隍廟藏。
〔註175〕〈漁翁圖〉，114.3×41.1cm，日本大阪市立美術館藏，出自《黃慎書畫集》。

　　〈人085〉（圖3-174）〔註176〕漁翁頭戴斗笠，整體墨色較強，線條較粗，中側鋒並用。〈人155〉（圖3-175）〔註177〕人物線質較軟弱且部分線條重複描寫，墨色濃淡不清，十分可疑。

　　〈人134〉（圖3-176）〔註178〕此圖畫幅較大，人物尺寸亦較大，以大筆粗線寫衣紋線條，大筆塗刷筆法帶過生澀，雖是粗線條但顯輕滑，與黃慎手法相去甚遠，是否出自黃慎筆下，也令人存疑。

圖3-175	圖3-176
〈人155〉〈漁翁圖〉（疑）	〈人134〉〈漁父圖〉（疑）

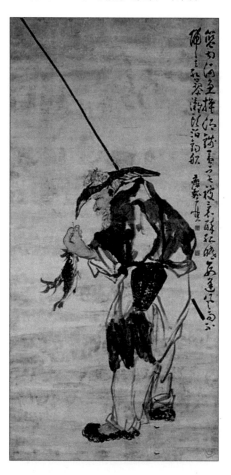

〔註176〕〈漁樂圖〉，123×47cm，出自北京保利2008春季拍賣會。
〔註177〕〈漁翁圖〉，124×58cm，出自佳港2006秋季拍賣會。
〔註178〕〈漁父圖〉，116.5×240m，揚州市文物商店藏，出自北京瀚海2007春季拍賣目錄。

〈5808 人〉（圖 3-177）〔註179〕款文「羨煞清江白髮翁，獨披蓑笠傲王公。生涯只在菰蒲裏，和雨和風捲釣筒。乾隆九年十二月寫，寧化黃慎。」黃慎於乾隆九年所作，以較粗線條寫漁翁上衣，臉部五官及漁翁褲子採細線，在線條粗細及墨色濃淡變化取得統一。〈人 039〉（圖 3-178）〔註180〕畫幅較小，漁翁持魚竿仰首望天，線條乾筆較多，款文同〈人 110〉（圖 3-173）。

圖 3-177　〈5808 人〉〈漁翁圖〉　　圖 3-178　〈人 039〉〈漁翁圖〉

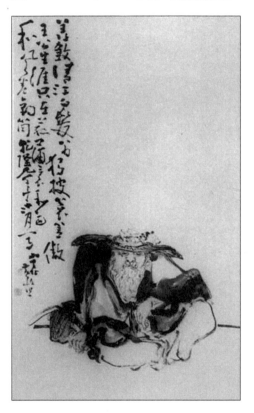 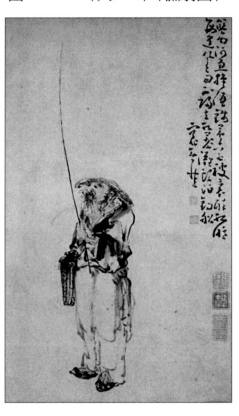

〈8301 人〉（圖 3-179）〔註181〕在黃慎圖錄中未見八十三歲之作品，此圖稱為黃慎八十三歲時所作，寫老漁翁提籃子攜漁貨，款文內容與同類作品小異，人物造形筆法與款文書法風格稚拙，應非為癭瓢筆下之作。

〔註179〕　〈漁翁圖〉，137×64cm，山東煙臺市博物館藏，出自《中國古代書畫圖目六》。

〔註180〕　〈漁翁圖〉，43.2×30.5cm，浙江省博物館藏，出自《揚州畫派書畫全集·黃慎》。

〔註181〕　〈漁翁圖〉，96×31cm，出自中國嘉德 2008 春季拍賣會。

　　〈人 017〉（圖 3-180）〔註 182〕漁婦攜籃，內裝魚一尾，漁婦體態是黃慎
畫仕女常用的三折法，線條流暢，漁婦上半身比例欠妥，右臂及右手手指動
態不合常理，款文同〈人 032〉款文「漁翁晒網趁斜陽，魚婦攜筐入市場。換
得城中鹽菜米，其餘沽酒出橫塘。」署「寧化癭瓢子慎寫。」

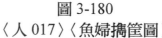

図 3-179　　　　　　　　　　　　図 3-180
〈8301 人〉〈漁翁圖〉（疑）　　〈人 017〉〈魚婦攜筐圖〉

　　黃慎所繪此類平民與漁翁有下列特色：
1. 擴展文人畫題材範圍，以一般平民入畫，展現與過往人物畫截然不同
　　的新審美趣味。
2. 多以兼工代寫方式描繪市井小民生活情狀，大多以樂天知命，滿足現
　　狀及人民日常生活情趣呈現，較少以批判社會角度呈現畫面。

―――――――――――――
〔註 182〕　〈魚婦攜筐圖〉，138×48.4cm，天津藝術博物館藏，出自《揚州畫派書畫全
　　　　　集・黃慎》。

第二節　花鳥與山水

一、花鳥

（一）花卉

　　黃愼花鳥畫以兼工帶寫表現爲主，工筆花鳥目前只見得二件，一件是臺北故宮所藏〈梅花山茶〉〈4308 花-1〉（圖 3-181）〔註183〕，另一件爲〈花020〉（圖 3-182）〔註184〕，邵松年謂黃愼花鳥畫：

> 用筆奇峭，取境古逸。雖非正宗，自寫一種幽僻之趣，人所難能。
>
> 儲此數種，亦備一家畫格。〔註185〕

杜瑞聯對黃愼花鳥畫評價爲：

> 其畫以蒼老生動爲宗，略似八大山人，險僻遜之，秀近則過之矣。
>
> 〔註186〕

揚州八怪繪畫創作整體以花鳥畫爲多數，黃愼的花鳥畫不是其創作主流，但已具有個人獨特鮮明的特色，即邵松年謂「幽僻之趣」。以下依花卉與禽魚鳥獸分類敘述：

圖 3-181
〈4308 花-1〉〈梅花山茶〉

圖 3-182
〈花 020〉〈春蠶圖〉

 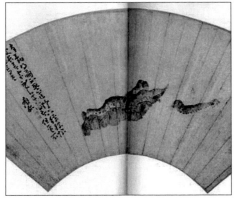

〔註183〕〈梅花山茶〉，16.8×20.6cm，臺北故宮博物院藏，《故宮名畫選粹》。

〔註184〕〈春蠶圖〉，首都博物館藏，出自《揚州畫派書畫全集‧黃愼》。

〔註185〕邵松年：〈古緣萃錄〉卷十四，刊於丘幼宣著：《一代畫聖——黃愼研究》，福州，福建教育出版社出版，2002 年 9 月，1000 頁。

〔註186〕杜瑞聯：〈古芬閣畫畫記〉，刊於丘幼宣著：《一代畫聖——黃愼研究》，997 頁。

1. 水仙

有關黃愼「水仙」題材表現的作品，以水仙葉片沒骨表現法與葉片雙
鉤設色來區分探討，以「沒骨水仙葉」表現的作品圖錄共有六件，用「雙
鉤設色」完成的有關作品共見得四件，以下就水仙葉表現技法不同分兩部分
論述。

（1）沒骨水仙葉

此型作品有六件，分別爲〈4005 冊-1〉（圖3-183）〔註187〕，〈6501 花-9〉
（圖3-184）〔註188〕，〈花003-8〉（圖3-185）〔註189〕，〈花032-3〉（圖3-186）
〔註190〕，〈花004-8〉（圖3-187）〔註191〕及〈5002 冊-10〉（圖3-188）〔註192〕，
構圖大多一，二株水仙構成，水仙葉以沒骨法畫出，重墨自葉尖畫下，至球
莖處漸淡，一株水仙葉片多以三片或四片水仙葉依濃淡排列，水仙球莖皆雙
鉤寫出，花蕊以勁挺的濃墨鉤出，花瓣則由淡墨勾勒，花瓣造型多爲三角形
或菱形，款文除〈4005 冊-1〉爲「杜若青青江水連，鷗鴿拍拍下江煙。湘夫
人正夢梧，莫遣一聲啼竹邊。」外，其餘五件作品款文爲「誰憐瑤草自先
春，得得東風立水濱，浥透湘裙剛十幅，宓妃原是洛川神。」〈5002 冊-10〉（圖
3-188）筆力較弱，款文亦不佳。

圖3-183　〈4005 冊-1〉〈水仙圖〉

〔註187〕〈水仙圖〉，27.3×60cm，上海博物館藏，出自《揚州畫派書畫全集·黃愼》。
〔註188〕〈水仙圖〉，24.3×28cm，上海博物館藏，出自《中國古代書畫圖目五》。
〔註189〕〈水仙圖〉，23.1×30.6cm，北京故宮博物院藏，出自《中國古代書畫圖目二
　　　　十三》。
〔註190〕〈水仙圖〉，北京市工藝品進出口公司藏，出自《癭瓢山人黃愼書畫集》。
〔註191〕〈水仙圖〉，24.2×33.2cm，北京故宮博物院藏，出自《中國古代書畫圖目二
　　　　十三》。
〔註192〕〈水仙圖〉，無錫市博物館藏，出自《黃愼書畫集》。

圖 3-184
〈6501 花-9〉〈水仙圖〉

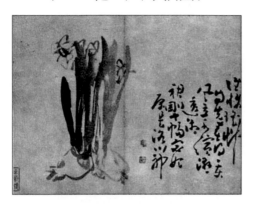

圖 3-185
〈花 003-8〉〈水仙圖〉

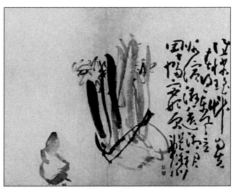

圖 3-186
〈花 032-3〉〈水仙圖〉

圖 3-187
〈花 004-8〉〈水仙圖〉

圖 3-188　　〈5002 冊-10〉
〈水仙圖〉（疑）

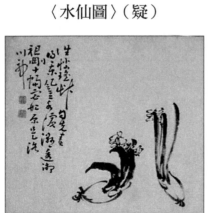

圖 3-189
〈花 002-4〉〈水仙圖〉

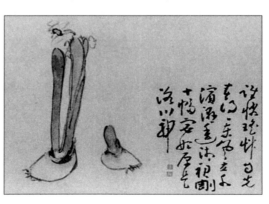

（2）雙鉤水仙葉

此類作品有四件，水仙葉以中鋒爲主的線條雙鉤畫出，多自葉尖起筆，葉片較圓且勁挺，〈花 002-4〉（圖 3-189）〔註 193〕，〈花 064-3〉（圖 3-190）〔註 194〕及〈5807 冊-3〉（圖 3-191）〔註 195〕葉片設色淡雅。

圖 3-190　〈花 064-3〉〈水仙圖〉

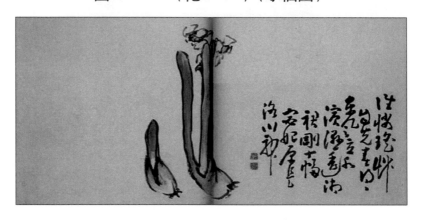

圖 3-191
〈5807 冊-3〉〈水仙圖〉

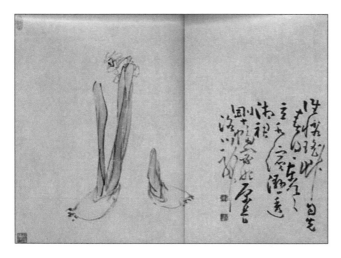

圖 3-192
〈花 124〉〈水仙圖〉

〔註 193〕　〈水仙圖〉，24.2×31.4cm，北京故宮博物院藏，出自《中國古代書畫圖目二十三》。

〔註 194〕　〈水仙圖〉，28×47.4cm，天津市藝術博物館藏，出自《揚州畫派書畫全集·黃慎》。

〔註 195〕　〈水仙圖〉，33.5×45.9cm，臺北故宮博物院藏，出自《故宮花鳥集》。

〈花 124〉（圖 3-192）〔註 196〕葉片則未染色，四件作品款文皆同前。綜觀黃慎所繪「水仙」較明顯特點有：

1. 一株水仙葉片多爲三或四片，葉片挺拔且葉尖較圓。

2. 花瓣造型多是三角型或菱形，水仙花二到三朵。

2. 梅花

以梅花爲繪畫題材之相關作品圖錄共收得十三件，純粹以梅花爲主體表現有九件，瓶梅式的作品有三件，黃慎梅花圖式的特色，構圖簡潔，梅幹多以重墨頓挫有力的粗線條表現，梅枝以淡墨畫出，花瓣造型多以兩筆勾畫出類似橢圓形，花蕊亦用兩三筆短線條勾勒，多未設色。

款文署「品原絕世誰同調，骨是平生不可人」爲〈花 064-11〉（圖 3-193）〔註 197〕、〈花 045〉（圖 3-194）〔註 198〕及〈花 040〉（圖 3-195）〔註 199〕。

署「一筇一笠一瘦瓢，愛向峰頭把鶴招。莫道歸來無故物，梅花清福也難銷。」爲〈5807 花-6〉（圖 3-197）〔註 200〕及〈花 116〉（圖 3-198）〔註 201〕。

圖 3-193　〈花 064-11〉〈梅花圖〉

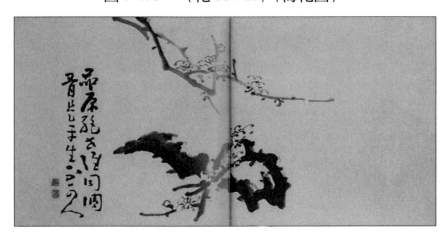

〔註 196〕　〈水仙圖〉，58.5×35cm，出自北京歌德 2009 春季拍賣會。

〔註 197〕　〈梅花圖〉，28×47.4cm，天津市藝術博物館藏，出自《揚州畫派書畫全集·黃慎》。

〔註 198〕　〈梅花圖〉，18.8×55.6cm，南京博物院藏，出自《揚州畫派書畫全集·黃慎》。

〔註 199〕　〈瓶梅圖〉，105.3×50cm，上海博物館藏，出自《揚州畫派書畫全集·黃慎》。

〔註 200〕　〈梅花圖〉，33.5×45.9cm，臺北故宮博物院藏，出自《故宮花鳥集》。

〔註 201〕　〈梅花清福〉，16×46cm，出自中貿聖佳 2008 春季拍賣會。

圖 3-194　〈花 045〉〈梅花圖〉

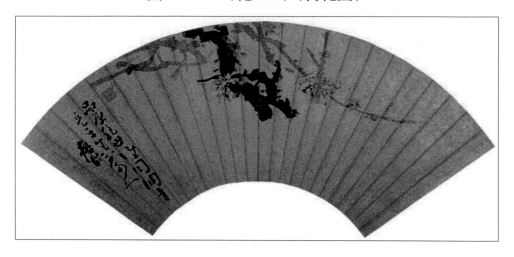

圖 3-195　　　　　　　　　　圖 3-196
〈花 040〉〈瓶梅圖〉　　　　〈6901 花〉〈梅花圖〉

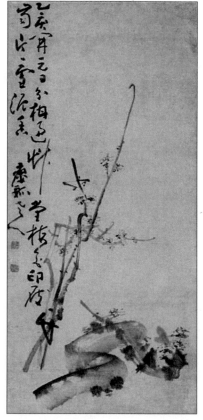

圖 3-197　〈5807 花-6〉〈梅花圖〉

圖 3-198　〈花 116〉〈梅花清福〉

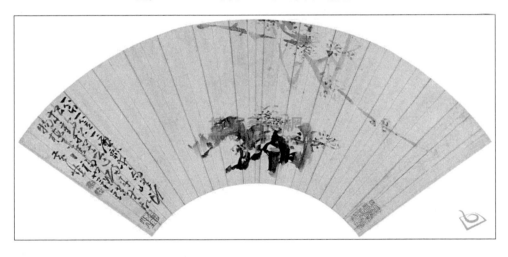

　　〈6901 花〉（圖 3-196）〔註 202〕款文「乙亥開元日，分柑過草堂。梅花印
屐齒，片片雪泥香。癭瓢老人。」

　　〈花 035-10〉（圖 3-199）〔註 203〕款文「月照冰姿全是潔，風搖玉樹不生
塵。」

〔註 202〕〈梅花圖〉，102×39cm，揚州文物商店藏，出自《癭瓢山人黃慎書畫集》。
〔註 203〕〈玉樹冰姿圖〉，23.7×34.7cm，上海博物館藏，出自《揚州畫派書畫全集‧
　　　　黃慎》。

〈花 068〉（圖 3-200）〔註 204〕款文「高齋又撿一年春，供客梅花自不
貧。瘦到可憐詩作骨，還疑孤影認前身。」

〈4005 冊-12〉（圖 3-201）〔註 205〕款文「花發平津望嶺頭，初疑剪彩出
神州。霜容早試三分白，瘦影橫撐一半秋。南國佳人憐粉署，秣陵才子憶羅
浮。酒闌傲舞銀江下，錯認孤山雪未收。詠雙江郡齋八月梅花，閩中癭瓢山
人慎。」

圖 3-199
〈花 035-10〉〈玉樹冰姿圖〉

圖 3-200
〈花 068〉〈瓶梅圖〉

圖 3-201　　〈4005 冊-12〉〈梅花圖〉

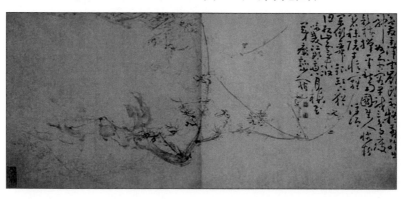

〔註 204〕　〈瓶梅圖〉，103.2×34.6cm，遼寧省博物館藏，出自《揚州畫派書畫全集・
黃慎》。

〔註 205〕　〈梅花圖〉，27.3×60cm，上海博物館藏，出自《揚州畫派書畫全集・黃慎》。

〈花 123〉（圖 3-202）〔註 206〕款文「臨水一枝春占早，照人千樹雪同清。黃慎。」線條較猶豫，不似黃癭瓢老辣熟練。〈6501 花-12〉（圖 3-203）〔註 207〕以一叢梅枝表現，別有趣味。

圖 3-202　〈花 123〉　　　　　　圖 3-203
〈墨梅圖〉（疑）　　　　　　　〈6501 花-12〉〈梅花圖〉

 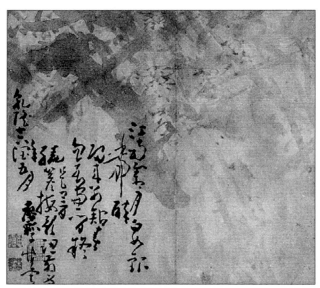

3. 菊花

黃慎繪「四君子」中的菊花圖片共見得五件，菊花花瓣用淡墨兩筆勾勒而成，花瓣較肥，菊葉再以重墨畫出，構圖多變，花卉冊中〈6501 花-10〉（圖 3-204）〔註 208〕、〈花 032-1〉（圖 3-205）〔註 209〕及〈花 087-2〉（圖 3-207）〔註 210〕款文爲「手執累厄擘蟹黃，客中何事又重陽。年年佳節看成慣，醉榻寒花一瓣香。」

〈4005 冊-10〉（圖 3-206）〔註 211〕款文「雖慚老圃秋容淡，才有黃花晚

〔註 206〕　〈墨梅圖〉，107×52cm，出自匡時國際 2009 春季拍賣會。

〔註 207〕　〈梅花圖〉，24.3×28cm，上海博物館藏，出自《中國古代書畫圖目五》。

〔註 208〕　〈菊花圖〉，24.3×28cm，上海博物館藏，出自《中國古代書畫圖目五》。

〔註 209〕　〈秋菊圖〉，出自北京市工藝品進出口公司，出自《癭瓢山人黃慎書畫集》。

〔註 210〕　〈菊花圖〉，32.2×41.2cm，雲南省博物館藏，出自《揚州畫派書畫全集‧黃慎》。

〔註 211〕　〈菊花圖〉，27.3×60cm，上海博物館藏，出自《揚州畫派書畫全集‧黃慎》。

節香。」〈花 002-10〉（圖 3-209）〔註212〕款文「不是花中偏菊好，此花開後更無花。」

　　〈4203 花〉（圖 3-208）〔註213〕爲立軸，款文爲「陶詩只採黃金實，郢曲新傳白雪英。素色不同籬下發，繁花疑自月中生。浮花小摘開雲母，帶露全移綴水精。偏稱含香五字客，從茲得地始芳榮。戊申秋八月作於刻竹屋，閩中黃愼。」圖中菊花一濃一淡，一靜一動，畫面富動感與生機，爲黃愼早期花卉畫佳作。

圖 3-204
〈6501 花-10〉〈菊花圖〉

圖 3-205
〈花 032-1〉〈秋菊圖〉

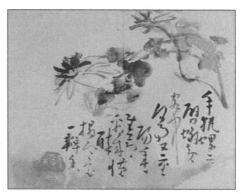

圖 3-206　　〈4005 冊-10〉〈菊花圖〉

〔註212〕〈菊花圖〉，24.2×31.4cm，北京故宮博物館藏，出自《中國古代書畫圖目二十三》。
〔註213〕〈菊花圖〉，121.3×41.45cm，北京故宮博物館藏，出自《癭瓢山人黃愼書畫集》。

圖 3-207
〈花 087-2〉〈菊花圖〉

圖 3-208
〈4203 花〉〈菊花圖〉

圖 3-209
〈花 002-10〉〈菊花圖〉

4. 芍藥

芍藥圖式共有二類，一類花瓣及枝葉全用沒骨寫意繪出，共有二件〈4005 花-3〉（圖 3-210）〔註214〕及〈4017 花〉（圖 3-211）〔註215〕，此二圖筆墨線條靈活，用筆快速表現芍藥生命力十分成功，款文皆爲「客中囊澀買花錢，花市歸來興惘然。忽報故人攜酒至，醉塗婪尾一枝妍。丙午暮春作於廣陵道中。」

〔註214〕〈芍藥圖〉，27.3×60cm，上海博物館藏，出自《揚州畫派書畫全集·黃慎》。
〔註215〕〈芍藥圖〉，出自《悅目中國晚期書畫圖版篇》。

圖 3-210　　〈4005 花-3〉〈芍藥圖〉

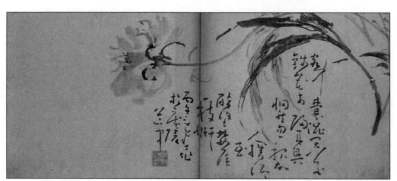

圖 3-211　　〈4017 花〉〈芍藥圖〉

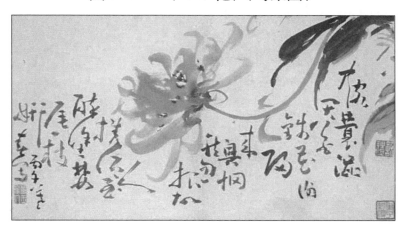

　　另一類是以雙鉤畫芍藥花瓣，沒骨法畫枝葉，花卉冊中〈5002 冊-11〉
（圖 3-212）〔註216〕，〈5807 冊-5〉（圖 3-214）〔註217〕，〈花 002-6〉（圖 3-213）
〔註218〕，〈花 087-9〉（圖 3-215）〔註219〕，〈花 069-1〉（圖 3-216）〔註220〕，
〈6501 花-7〉（圖 3-217）〔註221〕款文均爲「乍剪春風錦繡春，誰憐鐵石是心
腸。知君不愛胭脂抹，墨蘸徐妃半面粧。」以〈5002 冊-11〉較可疑，芍藥葉

〔註216〕　〈芍藥圖〉，無錫市博物館藏，出自《黃愼書畫集》。
〔註217〕　〈芍藥圖〉，33.5×45.9cm，臺北故宮博物院藏，出自《故宮花鳥集》。
〔註218〕　〈芍藥圖〉，24.2×31.4cm，北京故宮博物館藏，出自《中國古代書畫圖目二
　　　　　十三》。
〔註219〕　〈芍藥圖〉，32.2×41.2cm，雲南省博物館藏，出自《揚州畫派書畫全集・黃
　　　　　愼》。
〔註220〕　〈芍藥圖〉，吉林省博物館藏，出自《癭瓢山人黃愼書畫集》。
〔註221〕　〈芍藥圖〉，24.3×28cm，上海博物館藏，出自《中國古代書畫圖目五》。

筆法生澀，花瓣雜亂，款文書法較差且內容「胭脂」的「胭」字只有此件爲
草法，其餘六件皆因「胭脂」二字同偏旁，以一行一草求字形變化，此件款
文內容「胭脂抹」亦落「抹」字補在最後，未做說明。〈花 047〉（圖 3-218）
〔註 222〕及〈6411 花〉（圖 3-219）〔註 223〕，款文爲「櫻桃初熟散榆錢，又是
揚州四月天，昨夜堂前紅藥破，獨防風雨未成眠。」

圖 3-212　　　　　　　　　　　　圖 3-213
〈5002 冊-11〉〈芍藥圖〉（疑）　　　〈花 002-6〉〈芍藥圖〉

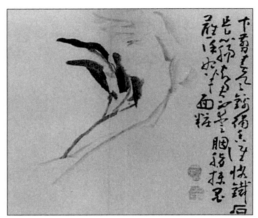

圖 3-214　　〈5807 冊-5〉〈芍藥圖〉

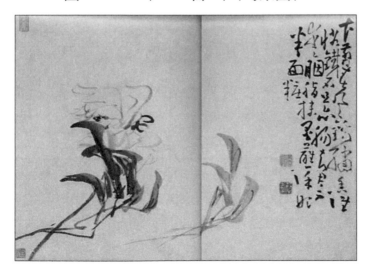

〔註 222〕 〈瓶插芍藥圖〉，68×50.5cm，江蘇省美術館藏，出自《中國古代書畫圖目六》。
〔註 223〕 〈芍藥圖〉，27.5×47×12cm，出自 2007 秋西泠印社。

圖 3-215
〈花 087-9〉〈芍藥圖〉

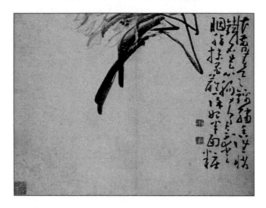

圖 3-216
〈花 069-1〉〈芍藥圖〉

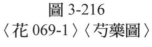

圖 3-217
〈6501 花-7〉〈芍藥圖〉

圖 3-218
〈花 047〉〈瓶插芍藥圖〉

圖 3-219　〈6411 花〉〈芍藥圖〉

5. 桃花

以桃花爲題材創作作品共有六件，桃枝以遒勁略乾的線條畫出，桃花瓣造型略橢圓形，款文共有二類。

署「一年一度花上市，眼底揚州十二春。冷冷東風開燕剪，碧桃細柳雨中新。」有〈花032-4〉（圖3-220）〔註224〕、〈花087-3〉（圖3-222）〔註225〕，〈5807冊-2〉（圖3-221）〔註226〕及〈花127〉（圖3-223）〔註227〕。

圖3-220　〈花032-4〉〈桃花圖〉　圖3-221　〈5807冊-2〉〈桃花圖〉

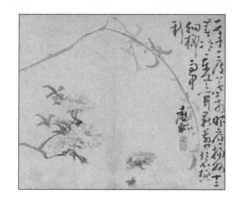 

圖3-222
〈花087-3〉〈桃花圖〉

圖3-223　〈花127〉
〈碧桃細柳圖〉（疑）

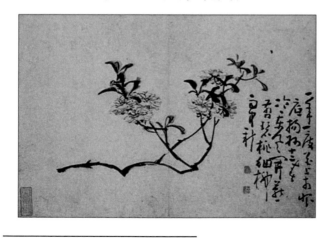 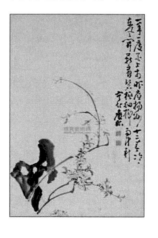

〔註224〕　〈桃花圖〉，出自北京市工藝品進出口公司。
〔註225〕　〈桃花圖〉，32.2×41.2cm，雲南省博物館藏，出自《揚州畫派書畫全集‧黃愼》。
〔註226〕　〈桃花圖〉，33.5×45.9cm，臺北故宮博物院藏，出自《故宮花鳥集》。
〔註227〕　〈碧桃細柳圖〉，80.5×45cm，出自西泠印社2008春季拍賣會。

〈4005 冊-4〉（圖 3-224） 〔註 228〕款文爲「華濃帝子結霜晨，一笑回風敦
問津。片點錦江秋水薄，如羞素女臉波春。古今有恨難消盡，天地無私易更
新。自是劉郎歸去後，空教蜂蝶暗逡巡。咏雙江八月桃花。」

〈5408 冊-5〉（圖 3-225） 〔註 229〕無款文。

〈花 127〉（圖 3-223）桃枝線條較差，用筆純熟度與黃愼表現有段差距，
桃葉表現亦不佳，頗可疑。

圖 3-224 〈4005 冊-4〉〈桃花圖〉

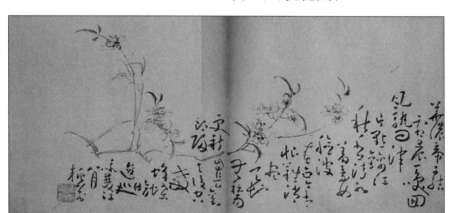

圖 3-225 〈5408 冊-5〉〈桃花圖〉

〔註 228〕 〈桃花圖〉，27.3×60cm，上海博物館藏，出自《揚州畫派書畫全集・黃愼》。
〔註 229〕 〈細雨桃花圖〉，29.8×23.5cm，北京故宮博物院藏，《中國古代書畫圖目二
十三》。

6. 芙蓉

以芙蓉為題作畫的作品有四件除〈花 130〉外，款文皆為「湘簾曉起坐空堂，白晝閑抄肘後方。近水樓臺秋意淡，芙蓉雨過十分涼。」芙蓉花瓣畫法，一種如〈花 087-8〉（圖 3-226）〔註 230〕及〈6501 花-2〉（圖 3-227）〔註 231〕表現法，造型多為三角形，角度較尖，〈花 130〉（圖 3-228）〔註 232〕及〈6411 花〉（圖 3-229）〔註 233〕之法，花瓣角度較圓。

圖 3-226
〈花 087-8〉〈芙蓉圖〉

圖 3-227
〈6501 花-2〉〈芙蓉圖〉

圖 3-228
〈花 130〉〈芙蓉書法斗方〉

圖 3-229
〈6411 花〉〈芙蓉圖〉

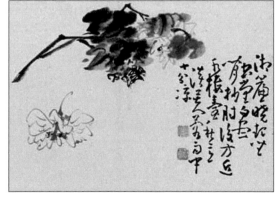

〔註 230〕　〈芙蓉圖〉，32.2×41.2cm，雲南省博物館藏，出自《揚州畫派書畫全集・黃慎》。

〔註 231〕　〈芙蓉圖〉，24.3×28cm，上海博物館藏，出自《中國古代書畫圖目五》。

〔註 232〕　〈芙蓉書法斗方〉，29.4×27.9cm，出自佳港 2007 秋季拍賣會。

〔註 233〕　〈芙蓉圖〉，27.5×47cm×12，出自 2007 秋西泠印社。

7. 玉簪花

黃慎創作玉簪花形式，葉子以大筆重墨塗抹出明暗層次，玉簪花以雙鈎畫出，〈5807 冊-4〉（圖 3-230）〔註 234〕，〈6501 花-1〉（圖 3-231）〔註 235〕，〈花 002-8〉（圖 3-232）〔註 236〕，〈花 064-5〉（圖 3-233）〔註 237〕，〈花 032-5〉（圖 3-234）〔註 238〕，〈花 087-1〉（圖 3-235）〔註 239〕及〈5002 花-12〉（圖 3-236）〔註 240〕，款文皆為「蔚藍天氣露華新，誰拾閒皆寶玉珍，不識搔頭能倍價，只今猶憶李夫人。」

〈6510 花〉（圖 3-237）〔註 241〕款文「老人一掃秋園卉，六片尖尖雪色流。用盡邢州砂萬斛，未便琢出此搔頭。」

圖 3-230　〈5807 冊-4〉〈玉簪圖〉

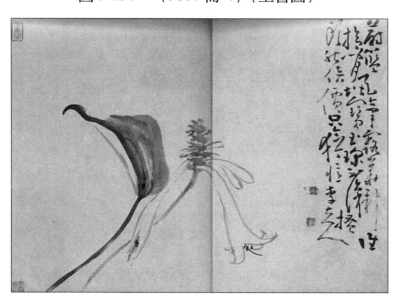

〔註 234〕〈玉簪圖〉，33.5×45.9cm，臺北故宮博物院藏，出自《故宮花鳥集》。
〔註 235〕〈玉簪圖〉，24.3×28cm，上海博物館藏，出自《中國古代書畫圖目五》。
〔註 236〕〈玉簪圖〉，24.2×31.4cm，北京故宮博物館藏，出自《中國古代書畫圖目二十三》。
〔註 237〕〈玉簪花圖〉，28×47.4cm，天津市藝術博物館藏，出自《揚州畫派書畫全集‧黃慎》。
〔註 238〕〈玉簪圖〉，出自北京市工藝品進出口公司，出自《癭瓢山人黃慎書畫集》。
〔註 239〕〈玉簪圖〉，32.2×41.2cm，雲南省博物館藏，出自《揚州畫派書畫全集‧黃慎》。
〔註 240〕〈玉簪花圖〉，無錫市博物館藏，出自《黃慎書畫集》。
〔註 241〕〈玉簪花圖〉，42.6×27.4cm，揚州市文物商店藏，出自《黃慎書畫集》。

圖 3-231
〈6501 花-1〉〈玉簪圖〉

圖 3-232
〈花 002-8〉〈玉簪圖〉

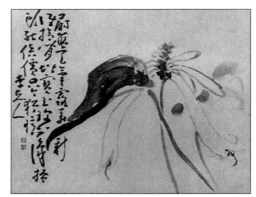

圖 3-233 〈花 064-5〉〈玉簪花圖〉

圖 3-234
〈花 032-5〉〈玉簪圖〉

圖 3-235
〈花 087-1〉〈玉簪圖〉

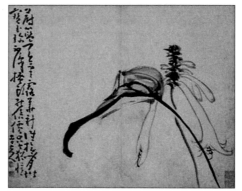

圖 3-236
〈5002-12 花〉〈玉簪花圖〉（疑）

圖 3-237
〈6510 花〉〈玉簪花圖〉

 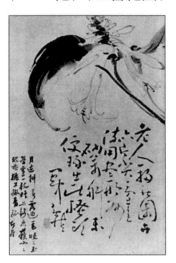

8. 牡丹

　　牡丹圖式共有三件，牡丹花中瓣心用較重墨線，外圍花瓣用淡墨線條勾勒〈5807 冊-1〉（圖 3-238）〔註242〕，〈花 087-5〉（圖 3-239）〔註243〕及〈5002冊-9〉（圖 3-240）〔註244〕款文皆爲「故人過我草堂東，不問明朝米甕空，摯著燭臺成習氣，揭簾先照鶴翎紅。」

圖 3-238　〈5807 冊-1〉〈牡丹圖〉　　圖 3-239　〈花 087-5〉〈牡丹圖〉

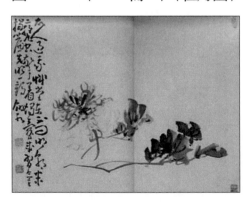 

〔註242〕〈牡丹圖〉，33.5×45.9cm，臺北故宮博物院藏，出自《故宮花鳥集》。
〔註243〕〈牡丹圖〉，32.2×41.2cm，雲南省博物館藏，出自《揚州畫派書畫全集・黃慎》。
〔註244〕〈牡丹圖〉，無錫市博物館藏，出自《黃慎書畫集》。

圖 3-240
〈5002 冊-9〉〈牡丹圖〉（疑）

圖 3-241
〈5705-4〉〈折枝石榴圖〉

9. 石榴

石榴爲創作題材共有五件。〈5705-3〉（圖 3-241）〔註245〕採兩枝石榴枝交叉，成熟破裂的石榴在左下，以簡筆勾勒，略施濃淡，明暗立體感效果極佳，搭配率意描寫的葉子，整體生命力十足，款文以徐渭詩句「山中秋老無人摘，自逬明珠打雀兒。」

〈花 002-1〉（圖 3-242）〔註246〕及〈4005-9〉（圖 3-243）〔註247〕款文與前圖同，只是「山中」改爲「山深」，〈花 069-3〉（圖 3-244）〔註248〕款文只有「自逬明珠打雀兒」。

圖 3-242　〈花 002-1〉〈石榴圖〉

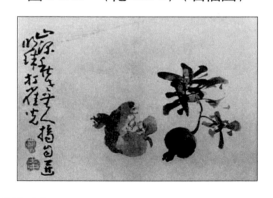

圖 3-243　〈花 069-3〉〈石榴圖〉

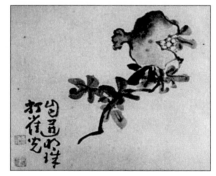

〔註245〕〈折枝石榴圖〉，36.9×28.4cm，南京博物院藏，出自《黃愼書畫集》。
〔註246〕〈石榴圖〉，24.2×31.4cm，北京故宮博物館藏，出自《中國古代書畫圖目二十三》。
〔註247〕〈石榴圖〉，吉林省博物館藏，出自《癭瓢山人黃愼書畫集》。
〔註248〕〈石榴圖〉，27.3×60cm，上海博物館藏，出自《揚州畫派書畫全集·黃愼》。

圖 3-244 〈4005-9〉〈石榴圖〉

（二）禽魚鳥獸

細列在這一類的作品，有紀年圖錄十七件，未紀年圖錄共見得三十二件，依主題不同類別分開論述，概分為鷺鷥、鴨、鷹、山羊、其他禽鳥及動物等六大類討論。

1. 鷺鷥

鷺鷥題材作品圖錄共有十五件，四件有紀年作品署款皆為晚年六十歲以後所作，依照鷺鷥搭配的柳樹，荷花與岩石分三類探討：

（1）柳鷺圖

共有八件，其中五件是雙鷺，二件為一隻鷺鷥，一件為三隻鷺鷥構成，其作品資料如下：

A. 〈6001 禽〉（圖 3-245）〔註249〕，〈柳鷺圖〉，款文「乾隆十一年春二月寫於美成堂，寧化黃慎。」

B. 〈花 037〉（圖 3-246）〔註250〕〈柳鷺圖〉，〈花 038〉（圖 3-247）〔註251〕〈柳塘雙鷺圖〉及〈花 066〉（圖 3-248）〔註252〕〈柳塘雙鷺圖〉，款文皆為「青山淡抹走輕烟，楊柳高樓大道邊。閒殺青江看振鷺，一拳撐破水中天。」

〔註249〕〈柳鷺圖〉，129×57cm，中央工藝美術學院藏藏，出自《揚州畫派書畫全集・黃慎》。
〔註250〕〈柳鷺圖〉，164.1×89.3cm，廣州市美術館藏，出自《中國古代書畫圖目五》。
〔註251〕〈柳鷺圖〉，113.7×57.7cm，上海博物館藏，出自《揚州畫派書畫全集・黃慎》。
〔註252〕〈柳塘雙鷺圖〉，139×62.5cm，遼寧省博物館藏，出自《揚州畫派書畫全集・黃慎》。

圖 3-245　〈6001 禽〉〈柳鷺圖〉　　　圖 3-246　〈花 037〉〈柳鷺圖〉

圖 3-247
〈花 038〉〈柳塘雙鷺圖〉　　　　圖 3-248
〈花 066〉〈柳塘雙鷺圖〉

圖 3-249
〈花 084〉〈柳塘雙鷺圖〉

圖 3-250
〈花 112〉〈柳塘雙鷺圖〉

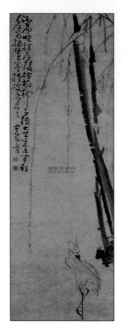

圖 3-251
〈花 115〉〈柳鷺圖〉

圖 3-252
〈花 027〉〈柳塘雙鷺圖〉（疑）

C. 〈花 084〉（圖 3-249）〔註253〕款文爲「湘簾曉捲廣陵烟，楊柳高樓大
　　道邊。閒殺春江看振鷺，一拳撐破水中天。」〈花 112〉（圖 3-250）
　　〔註254〕及〈花 115〉（圖 3-251）〔註255〕款文「春光」作「春江」。

這八件皆與柳樹結合，黃慎畫此類柳樹配景特點如下：

1. 柳樹幹多在畫面右側，兩枝或三枝成組，分前後景之別，重墨在最前
　　由下往上起筆，後有一淡墨柳樹幹交叉，右上偶有第三枝柳樹幹搭配。

2. 柳條以較乾線條畫出，柳葉僅點綴之效，並不茂密。

3. 鷺鷥的特點，多爲縮頸低首的鷺鷥，翅膀與形態的線條快速輕盈，鷺
　　鷥眼睛多爲濃墨點，長喙以濃墨勾勒，腳爪亦用重墨細線。

透過以上的觀點來看，〈花 027〉與〈花 066〉兩者構成接近，但鷺鷥表
現〈花 027〉（圖 3-252）〔註256〕顯然略遜一籌，羽毛關係不清，眼睛較稚嫩，
鷺鷥爪表現有違常理，第二枝柳樹幹以側鋒畫出似未完成，款文書法用筆較
單調，此作十分可疑。

〈6001 禽〉，鷺鷥與其他作品相比較生硬，水草與款文書法皆不佳。〈花
112〉，二枝柳樹相交叉處表現稚拙，畫面上方柳樹顯得雜亂，鷺鷥形態及腳爪
與黃慎他作，落差極大。

（2）蓮鷺圖

鷺鷥搭配蓮花作品共有三件。〈7108 禽〉（圖 3-253）〔註257〕，〈花 010〉
（圖 3-254）〔註258〕及〈花 111〉（圖 3-255）〔註259〕，荷葉均用大筆重墨繪
出，形成畫面暗面，映襯白色的鷺鷥，鷺鷥特徵與前述相同但動態較多。

A. 〈7103 禽〉畫面有三隻鷺鷥穿梭在蓮葉間，款文爲陶淵明《愛蓮說》。

B. 〈花 010〉寥寥數筆寫出鷺鷥生動姿態，非經寫生不可得，款文「雙
　　鷺應憐水滿池，風飄不教頂絲垂。立當青草人先見，行傍白蓮魚未

〔註253〕〈柳塘雙鷺圖〉，113.7×57.1cm，四川省博物館藏，出自《揚州畫派書畫全
　　　　集・黃慎》。
〔註254〕〈柳塘白鷺圖〉，130×35cm，出自佳港 2008 秋季拍賣會。
〔註255〕無文字。
〔註256〕〈柳塘雙鷺圖〉，129×44.5cm，中央工藝美術學院藏，出自《揚州畫派書畫
　　　　全集・黃慎》。
〔註257〕〈蓮鷺圖〉，186.3×109.2cm，中國美術館藏，出自《中國古代書畫圖目一》。
〔註258〕〈荷鷺圖〉，130.2×71.8cm，北京故宮博物院藏，出自《揚州畫派書畫全集・
　　　　黃慎》。
〔註259〕〈荷塘白鷺圖〉，123.8×39.8cm，出自佳港 2008 秋季拍賣會。

圖 3-253　〈7108 禽〉〈蓮鷺圖〉　　圖 3-254　〈花 010〉〈荷鷺圖〉

圖 3-255
〈花 111〉〈荷塘白鷺〉

圖 3-256
〈6407 禽〉〈雙鷺白石圖〉

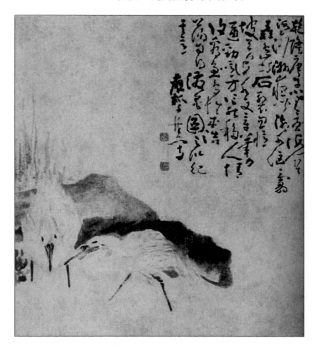

知。一與獨拳寒與星，每聲相叫早秋時。林塘得雨須增價，況與詩家
物色間。癭瓢。」

C.〈花 111〉，搭配白頭翁與荷葉，款文「癭瓢」。

（3）鷺鷥白石圖

共有四件，鷺鷥背景岩石多爲一深一淺，鷺鷥造型亦與前述雷同。

A.〈6407 禽〉（圖 3-256）〔註 260〕爲橫幅，款文「乾隆庚午小春，至海
關、海上回沙洲，夜聞潮水淘淘雷轟，島嶼石裂。忽憶坡公云：流水
文章，筆力遒勁，方信能移人情。後看魚鳥性咸浩蕩自得，潑墨圖之，
以紀其意。癭瓢子慎寫。」

B.〈7003 禽〉（圖 3-257）〔註 261〕爲三隻鷺鷥，款文「乾隆辛未，渡臺
不果。行至海門玉砂洲，水波激灩，石走東南。後觀魚鳥性咸浩蕩自
得。忽憶坡公云：流水文章，筆力遒勁。信乎。丙子春，偶過靜慧寺
看牡丹，後憶鳥語，亂筆圖之，以返其意耳，七十老人癭瓢子。」

C.〈花 119〉（圖 3-258）〔註 262〕，鷺鷥形體較大，其後蘆葦配景較雜亂，
款文「一泓秋水鷺鷥明。」

D.〈花 071〉（圖 3-259）〔註 263〕款文「湘簾自起坐空堂，白晝閑抄肘後
方。近水樓臺秋意澹，芙蓉雨過十分涼。寧化黃慎。」

E.〈6202 禽〉（圖 3-260）〔註 264〕寫五枝鷺鷥在老樹幹上，姿態各異，
款文「潯陽縣前樹，百尺射朝曦。晨露湒濯濯，春雨滋灤灤。堂上使
君賢，羔羊美素絲。既明信且哲，允惟公滅私。夙夜自匪懈，寬猛因
以時。篤喬飛振振，白鷺巢其枝。一一以致百，翱翔適其宜。惠風養
天和，高雲屯雪肌。明星光燦燦，銀河盈垂垂。摩空蕩心意，物性神
俊馳。退食顧而樂，與民同樂之。皓皓不可尚，誰其能磷緇？潯陽縣
前有鷺鷥百餘巢其樹，歌以誌之。」

〔註 260〕〈雙鷺白石圖〉，58.5×55.5cm，揚州市博物館藏。
〔註 261〕〈三鷺白石圖〉，129×68.5cm，江西省博館藏，出自《癭瓢山人黃慎書畫
集》。
〔註 262〕〈鷺鷥圖〉，83×37.6cm，出自中國嘉德 2006 秋季拍賣會。
〔註 263〕〈芙蓉白鷺圖〉，111.5×50.5cm，山東省博物館藏，出自《中國古代書畫圖
目十六》。
〔註 264〕〈古柯群鷺圖〉，211×61cm，故宮博物院藏，出自《癭瓢山人黃慎書畫
集》。

圖 3-257
〈7003 禽〉〈三鷺白石圖〉

圖 3-258
〈花 119〉〈鷺鷥〉

圖 3-259
〈花 071〉〈芙蓉白鷺圖〉

圖 3-260
〈6202 禽〉〈古柯群鷺圖〉

2. 鴨雁

以鴨為題材的作品有十二件，雙鴨圖有七件，構成多與蘆葦，荷花及柳樹組合，鴨子的動態多在游水，墨色明暗一深一淺，動態安排上，暗色鴨多仰首向前，淺色鴨以俯首縮頸回望居多，鴨子視線呼應除〈4701 禽〉及〈花122〉有彼此目光接觸，其餘作品類似黃慎處理人物畫之法，視線不相會，不注視同一處。雙鴨圖式作品基本資料如下：

（1）〈4701 禽〉（圖 3-261）〔註265〕：為黃慎雍正年間所作，鴨描寫較精細，線條勾勒羽毛及形態外，亦用細筆短線寫鴨胸前細小羽毛質感，與荷花搭配，荷花與鴨都極為生動，為此類題材佳作，款文「雍正十一年春二月黃慎寫。」

（2）〈4310 禽〉（圖 3-262）〔註266〕：雙鴨在蘆葦間穿梭，款文「雍正七年十二月閏中黃慎寫。」

（3）〈7103 禽〉（圖 3-263）〔註267〕：與蘆葦組合，款文「乾隆丁丑小春月癭瓢子慎寫。」

（4）〈花 044〉（圖 3-265）〔註268〕：為橫軸，款文「黃慎。」

（5）〈花 054〉（圖 3-264）〔註269〕：與柳鷺圖式類似，主角換成鴨子，款文「楊柳青青憶昔時，六朝塵跡鴨鷗知。畫船載得雷塘雨，收拾湖山入小詩。癭瓢。」

（6）〈花 074〉（圖 3-266）〔註270〕：款文「蘆荻蕭蕭憶昔時，六朝塵跡鴨鷗知，畫船載得雷塘雨，收拾湖山入小詩。」

（7）〈花 122〉（圖 3-267）〔註271〕：款文同〈花 074〉，但首句落一「蕭」

〔註265〕〈蓮塘雙鴨圖〉，139.6×58.7cm，無錫市博物館藏，出自《揚州畫派書畫全集·黃慎》。

〔註266〕〈蘆鳧圖〉，89.2××97.5cm，河北石家庄市文物管理所藏，出自《中國古代書畫圖目八》。

〔註267〕〈蘆塘雙鴨圖〉，125.6×59.8cm，故宮博物院藏，出自《中國古代書畫圖目二三》。

〔註268〕〈葦塘雙鴨圖〉，50.3×73.6cm，南京博物院藏，出自《揚州畫派書畫全集·黃慎》。

〔註269〕〈柳塘雙鴨圖〉，170×92.5cm，江蘇鎮江市博物館藏，出自《揚州畫派書畫全集·黃慎》。

〔註270〕〈蘆塘雙鴨圖〉，93×126cm，山東烟臺市博物館藏，出自《中國古代書畫圖目十六》。

〔註271〕〈蘆荻雙鴨圖〉，164×90cm，出自中國嘉德 2009 春季拍賣會。

圖 3-261 〈4701 禽〉
〈蓮塘雙鴨圖〉

圖 3-262
〈4310 禽〉〈蘆鳧圖〉

圖 3-263
〈7103 禽〉〈蘆塘雙鴨圖〉

圖 3-264
〈花 054〉〈柳塘雙鴨圖〉

圖 3-265　〈花 044〉〈葦塘雙鴨圖〉

<table>
<tr><td>圖 3-266
〈花 074〉〈蘆塘雙鴨圖〉</td><td>圖 3-267　〈花 122〉
〈蘆荻雙鴨圖〉（疑）</td></tr>
</table>

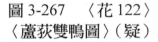

字，蘆葦畫法稚拙，鴨表現亦不佳，鴨喙與羽毛質感與同類作品相比，明顯落差，頗可疑。

單鴨的作品，有五件，以雙鴨圖中深色鴨為主角，因鴨頭、頸部、背部上方及尾部，其餘空白處以細線畫出羽毛，作品基本資料如下：

（1）〈5902 禽〉（圖 3-268）〔註272〕：款文「乾隆十年春月寫黃慎。」

〔註272〕　〈蘆鴨圖〉，94×43.5cm，故宮博物院藏，出自《揚州畫派書畫全集·黃慎》。

（2）〈花 056〉（圖 3-269）〔註 273〕，鴨墨塊效果不佳，款文「寧化癭瓢
子寫。」

（3）〈花 067〉（圖 3-270）〔註 274〕：款文「寫爲致老學長兄作，黃慎。」

（4）〈花 129〉（圖 3-271）〔註 275〕：款文同〈花 074〉。

（5）〈5813 禽〉（圖 3-272）〔註 276〕：款文「蘆荻蕭蕭憶昔時，六朝塵跡
鴨鷗知，畫船載得雷塘雨，收拾湖山入小詩。乾隆甲子小春客榕城郡
齋與樂夫大壽憶及江都風景古跡處，舊時題句因而往□，寧化黃
慎。」

圖 3-268　〈5902 禽〉〈蘆鴨圖〉　　　圖 3-269　〈花 056〉〈蘆鴨圖〉

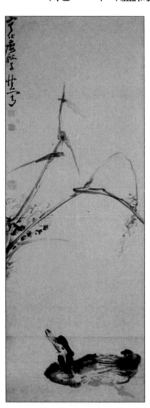

〔註 273〕〈蘆鴨圖〉，106.5×36.5cm，浙江省博物館藏，出自《揚州畫派書畫全集·
黃慎》。

〔註 274〕〈蘆鴨圖〉，123.3×55.2cm，遼寧省博物館藏，出自《揚州畫派書畫全集·
黃慎》。

〔註 275〕〈蘆塘野鴨圖〉，123×42.5cm，出自西泠印社 2007 秋季拍賣會。

〔註 276〕〈蘆鴨圖〉，69×40.5cm，出自北京保利 2006 秋季拍賣會。

圖 3-270
〈花 067〉〈蘆鴨圖〉

圖 3-271
〈花 129〉〈蘆塘野鴨圖〉

圖 3-272 〈5813 禽〉〈蘆鴨圖〉

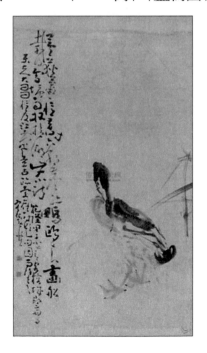

圖 3-273 〈花 017〉〈蘆花雙雁〉

以雁為題材共有五件，黃慎以赭石調淡墨畫雁首及背，未乾時加墨線勾勒羽毛，除〈花017〉較佳外，其餘四件效果尚可。

(1)〈花017〉（圖3-273）〔註277〕：款文「半山溪雨帶斜暉，雨水蘆花映客衣，雲水可知天到處，寄書須及雁南飛。」

(2)〈花077〉（圖3-274）〔註278〕：畫雁在空中張翅飛翔，款文：「久客思歸意不休，遙看一雁下孤洲。那堪連夜瀟湘雨，夢斷江南萬里秋。癭瓢。」

(3)〈花048〉（圖3-275）〔註279〕：款文「癭瓢。」

(4)〈花086〉（圖3-276）〔註280〕：款文「久客思歸意不休，遙看一雁下孤洲。那堪連夜瀟湘雨，夢斷江南萬里秋。癭瓢。」

(5)〈4413禽〉（圖3-277）〔註281〕：雁與蘆葦水準極差，款文書法亦不佳，應非出自黃慎筆下。

圖3-274　〈花077〉〈蘆雁圖〉　　　圖3-275　〈花048〉〈蘆雁圖〉

〔註277〕〈蘆花雙雁圖〉，北京故宮博物院藏，出自《揚州畫派書畫全集‧黃慎》。

〔註278〕〈蘆雁圖〉，105×61cm，廣東省博物館藏，出自《揚州畫派書畫全集‧黃慎》。

〔註279〕〈蘆雁圖〉，197×104cm，揚州博物館藏，出自《揚州畫派書畫全集‧黃慎》。

〔註280〕〈蘆雁圖〉，167×94cm，四川大學藏，出自《中國古代書畫圖目十七》。

〔註281〕〈蘆雁圖〉，118×38cm，出自瀚海2002秋季拍賣會。

圖 3-276
〈花 086〉〈蘆雁圖〉

圖 3-277
〈4413 禽〉〈蘆雁圖〉（疑）

3. 鷙鷹圖

四件作品皆畫鷙鷹立於枯木上，振翅欲向下俯衝之狀，鷙鷹動態動態及氣勢十分傳神。

(1)〈6607 禽〉（圖 3-278）〔註282〕：款文「乾隆十七年夏四月寫癭瓢。」

(2)〈花 011〉（圖 3-279）〔註283〕及〈花 121〉（圖 3-280）〔註284〕款文皆爲「左看若側，右視如傾。勁翮上下，機健體輕。嘴利若戟，目穎星明。雄姿邈世，逸氣橫生。」

(3)〈7406 禽〉（圖 3-281）〔註285〕：款文「風定爲翔，迎行而舞。側目枝頭，精神千古。乾隆庚辰小春月癭瓢子寫。」

〔註282〕〈鷙鷹圖〉，87.5×43m，出自佳港拍賣會。

〔註283〕〈雄鷹獨立圖〉，174.5×50.4cm，北京故宮博物院藏，出自《癭瓢山人黃慎書畫集》。

〔註284〕〈鷹圖〉，196.5×53.8cm，出自中國嘉德 2006 秋拍賣會。

〔註285〕〈古槎立鷹圖〉，172×89cm，福建省博物館藏，出自《中國古代書畫圖目十四》。

圖 3-278
〈6607 禽〉〈鶩鷹圖〉

圖 3-279
〈花 011〉〈雄鷹獨立圖〉

圖 3-280
〈花 121〉〈鷹〉

圖 3-281
〈7406 禽〉〈古槎立鷹圖〉

4. 其他禽鳥

其他類型禽鳥黃慎有繪，但數量較少，以下分述之：

燕子圖共見得四件，多寫二隻飛燕於空中飛翔，〈花 082〉（圖 3-282）
〔註286〕：「當壚女子鬢巉岩，窄袖新奇短短衫。自是江南風景好，梨花小與燕
呢喃。」

〈花 083〉（圖 3-283）〔註287〕款文：「自是江南風景好，杏花小雨燕呢
喃。」

〈花 109〉（圖 3-288）〔註288〕：款文「漢宮一百四十五，多下珠簾閑增
窗，何處營巢春已半，杏林烟裏語雙雙。」

〈花 022〉（圖 3-285）〔註289〕：以細線勾勒白燕，款文同〈花 082〉（圖
3-282）。

麻雀圖共見得三張，〈花 034-2〉（圖 3-286）〔註290〕，〈花 035-12〉（圖
3-287）〔註291〕及〈花 110〉（圖 3-284）〔註292〕黃慎筆下麻雀造型豐滿，頗
為可愛。〈花 034-2〉款文「瘦瓢子慎。」〈花 035-12〉款文「暫借一枝棲。」
二作皆為冊頁。

〈花 110〉寫七隻麻雀棲梅樹上，款文「夜深雪水自剪茶，忽憶山中處士
家，記取寒香清徹骨，只今無夢到梅花。瘦瓢。」

柳鴉圖有二件，黃慎所繪鴉皆為黑背白腹，三隻鴉圍繞在柳樹上，〈花
26〉（圖 3-289）〔註293〕，款文「瘦瓢」。〈8101 禽〉（圖 3-290）〔註294〕，款
文「乾隆丁亥七月寫於鄞江郡署，瘦瓢」，柳葉較多。

〔註286〕〈杏花柳燕圖〉，武漢市文物商店藏，出自《揚州畫派書畫全集・黃慎》。
〔註287〕〈杏花柳燕圖〉，79.8×44.8cm，四川省博物館藏，出自《中國古代書畫圖目
十七》。
〔註288〕〈杏林燕語圖〉，197×54cm，出自北京瀚海公司 2001 年春季拍賣會。
〔註289〕〈梨花春燕圖〉，23.5×28cm，中國歷史博物館藏，出自《揚州畫派書畫全
集・黃慎》。
〔註290〕〈古柯雙雀〉，23.5×29.2cm，上海博物館藏，出自《揚州畫派書畫全集・黃
慎》。
〔註291〕〈一枝棲雀圖〉，23.7×34.7cm，上海博物館藏，出自《揚州畫派書畫全集・
黃慎》。
〔註292〕〈雪梅寒雀圖〉，144×73cm，出自北京瀚海公司 2001 年春季拍賣會。
〔註293〕〈柳鴉圖〉，176×104.5cm，中央工藝美術學院藏，出自《揚州畫派書畫全
集・黃慎》。
〔註294〕〈柳鴉圖〉，166.5×88cm，陝西省博物館藏，出自《中國古代書畫圖目十
八》。

圖 3-282
〈花 082〉〈杏花柳燕圖〉

圖 3-283
〈花 083〉〈杏花柳燕圖〉

圖 3-284　〈花 110〉
〈雪梅寒雀圖〉

圖 3-285
〈花 022〉〈梨花春燕圖〉

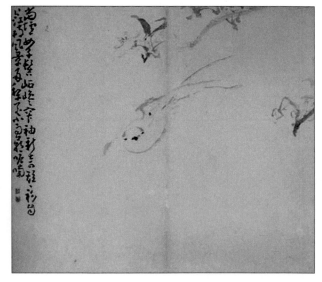

圖 3-286
〈花 034-2〉〈古柯雙雀〉

圖 3-287
〈花 035-12〉〈一枝棲雀圖〉

圖 3-288
〈花 109〉〈杏花柳燕圖〉

圖 3-289
〈花 026〉〈柳鴉圖〉

圖 3-290　　　　　　　　　　圖 3-291
〈8101 禽〉〈柳鴉圖〉　　　　〈花 023〉〈德禽耀武圖〉

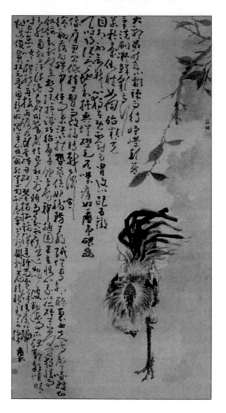

　　〈花 023〉（圖 3-291）〔註295〕畫一公雞闊步向前走來，粗細線條交錯使用，描繪公雞羽毛質感，色彩較鮮，不致俗氣，款文「大雞昂然來，小雞竦而待。崢嶸顛盛氣，洗刷凝鮮彩。高行若矜豪，側眈如伺殆。精光目相射，劍戟心獨在。既取冠為胄，復以距為鐵。天時得清寒，地利挾爽塏。磔毛各嗟瘴，怒癭爭猥磊。俄膚忽爾低，植武瞥而改。腸賻戰聲喧，繽翻落羽。中事未決，小挫勢益倍。妒腸務生敵，賊性專相醢。裂血失鳴聲，啄殷甚飢餒。對起何急驚，隨旋誠巧。毒手飽李陽，神槌困朱亥。惻心我以仁，碎首爾何罪？獨勝事有然，旁驚汗流浼。知雄欣動顏，怯負愁看賕。爭觀雲填道，助叫波翻海。事爪深難解，嗔睛時未怠。一噴一醒愁，再接再屬乃。頭垂碎丹砂，翼摧拖錦彩。連軒尚賈餘，清屬比歸凱，選俊感收毛，受恩慚始隗。英

〔註295〕〈德禽耀武圖〉，124.6×59.8cm，中國歷史博物館藏，出自《揚州畫派書畫全集・黃慎》。

心甘鬥死，義肉恥庖守。君看鬥雞篇，期韻有可採。癭瓢。」

5. 山羊

山羊圖式共有五件作品，從有紀年作品來看，皆爲晚年 74 歲後所作，以三隻羊組成的構圖有四件，當取其「三羊開泰」之意，此類構圖三隻羊依序前中後立於畫面中，居中的山羊，墨色較暗，以分前後，立於後的山羊，背對畫面，前方的山羊面向左方，黃慎以略粗的曲線或圓弧線表現羊毛質感，以求整體不求細節手法表現，作品基本資料如下：

(1) 〈7404 禽〉（圖 3-292）〔註 296〕：款文「乾隆庚辰寫於雲驤閣，寧化黃慎。」

(2) 〈7405 禽〉（圖 3-293）〔註 297〕：款文「乾隆庚辰秋九月寫，癭瓢。」

(3) 〈7901 禽〉（圖 3-294）〔註 298〕：款文「飲哺懲澆俗，行驅夢逸材。仙人擁不去，童子馭未來。夜眼含星動，晨氈映雪開，莫言鴻漸力，長牧上林隈。乾隆乙酉秋寫於燕江，寧化癭瓢黃慎。」

(4) 〈8004 禽〉（圖 3-295）〔註 299〕：此圖乃雙羊，款文「昔時賢相惟三陽，升平輔理稱虞唐。九重悠游翰墨香，天與人文垂四方。八十叟癭瓢子寫。」

(5) 〈花 128〉（圖 3-296）〔註 300〕：山羊毛線條質感較生硬，似用較大隻筆所畫，線條較粗，款文「癭瓢。」

6. 其他動物

黃慎歷來較少描繪狗及貓。黃慎創作以狗爲題材的作品共有三件：

〈3804 禽〉（圖 3-297）〔註 301〕、〈花 078〉（圖 3-298）〔註 302〕及〈花 120〉（圖 3-299）〔註 303〕，狗的動態多翹首望天，以較長的線來畫狗毛。〈3804禽〉：款文「雍正二年十一月閩中黃慎漫寫於廣陵客舍。」〈花 078〉：款文「生

〔註 296〕 〈7404 禽〉〈三羊圖〉，安徽省博物館藏，出自《揚州畫派書畫全集・黃慎》。
〔註 297〕 〈7405 禽〉〈三羊圖〉，故宮博物院藏，出自《癭瓢山人黃慎書畫集》。
〔註 298〕 〈三羊圖〉，182.6×109.5cm，安徽省博物館藏，出自《癭瓢山人黃慎書畫集》。
〔註 299〕 〈雙羊圖〉，123.7×58.2cm，安徽省博物館藏，出自《黃慎書畫集》。
〔註 300〕 〈三羊開泰〉，104.8×65.2cm，出自中國嘉德 2007 秋季拍賣會。
〔註 301〕 〈獅狗圖〉，揚州市博物館藏，出自《揚州畫派書畫全集・黃慎》。
〔註 302〕 〈蕉陰戰犬圖〉，177×93.5cm，廣州市美術館藏，出自《揚州畫派書畫全集・黃慎》。
〔註 303〕 〈五瑞圖〉，103×53cm，出自中貿聖佳 2006 秋季拍賣會。

圖 3-292
〈7404 禽〉〈三羊圖〉

圖 3-293
〈7405 禽〉〈三羊圖〉

圖 3-294
〈7901 禽〉〈三羊圖〉

圖 3-295
〈8004 禽〉〈三羊圖〉

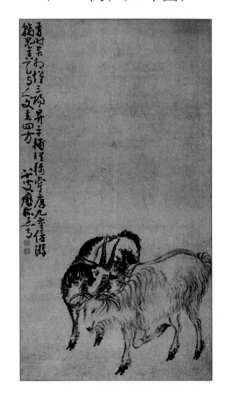

圖 3-296　〈花 128〉〈三羊圖〉　　圖 3-297　〈3804 禽〉〈獅狗圖〉

圖 3-298
〈花 078〉〈蕉陰戰犬圖〉

圖 3-299
〈花 120〉〈五瑞圖〉（疑）

平作客笑書淫，飢鶴相隨日日陰。花爲好懷開未得，春寒不轉綠蕉心。癭瓢」
爲雙犬圖。

〈花 075〉（圖 3-300）〔註304〕畫的是雙貓，但淺色貓的造型與狗非常接
近，款文「泛覽昌蒲花，那得同凡草。惟茲能引年，令人長壽考。對茲含笑
花，誰似長年好，蔓草春風歸，安得不速老，十載江南村，不識江南路。片
片落花飛，來去知何處。癭瓢。」

〈花 120〉：款文爲「五瑞圖」主題卻爲犬戲蝶，圖中花卉用色較俗，不
類黃慎風格，此作可疑。〈3909 禽〉（圖 3-301）〔註305〕：此作應出自非黃慎
筆下，貓畫的極差，遑論款文書法生澀及「閩中黃慎」的「閩」門偏旁多寫
一點，黃慎從未有此寫法。

圖 3-300　　　　　　　　　　　　　圖 3-301
〈花 075〉〈雙貓圖〉　　　　　　〈3909 禽〉〈貓蝶圖〉（疑）

〔註304〕〈雙貓圖〉，137×64cm，廣東省博物館藏，出自《揚州畫派書畫全集・黃
　　　　慎》。
〔註305〕〈貓蝶圖〉，68×29cm，出自中國嘉德 2007 秋季拍賣會。

黃慎花鳥畫特色：

1. 與人物畫相比，構圖更為活潑新奇，冊頁形式的作品最為顯著，款文佈局亦較人物畫變化多。

2. 冊頁形式的作品，常以一花一折枝構成，以狂縱的草法畫樹枝，物象雖疏簡但畫面動感強。

3. 條幅式的作品，禽鳥多搭配近景與中景，或柳樹，或芭蕉，或蘆葦，強調作品整體空間感，而此類遠近空間處理，黃慎在此型作品中運用頗多。

4. 禽鳥形態描寫生動，如游鴨、白鷺、蘆雁，不僅姿態準確，更覺生動，根植於黃慎紮實的寫實能力，方可在形似基礎上表現傳神的動態。

二、山水

　　山水畫在黃慎的創作中，雖不似人物畫聞名，癭瓢山水畫亦有自我面貌，清代評論黃慎山水畫論述不多，竇鎮在《國朝書畫家筆錄》中提到：「山水宗倪黃，兼師吳仲圭法，筆意縱橫排奡，氣象雄偉，為時推重。」〔註306〕此處說明黃慎山水畫師法黃公望，吳鎮及倪瓚，從黃慎山水畫作品看來，不僅學元代倪黃，文上追宋米元章的米家山水，師古人之跡，更師古人之心，到大自然中寫生，茲就黃慎山水畫題材及筆墨形式分為工筆山水，夜雨寒潮圖，雪景、江邊魚樵及寫生山水圖冊五類探討：

（一）工筆山水

　　黃慎傳世的工筆山水大多為立軸，構圖多以遠景、中景及近景區分，遠景多立山崖，下臨江河，中景多以古樹。亭閣及瀑布居多，近景多用大石或間以雜樹，點景人物多在中景，黃慎藉其人物畫之長，點景人物描寫逼真生動，畫面疏密遠近有致，線條組合不求粗細變化為主，以得和諧的畫面節奏，此類圖式共有十二件，基本資料如下：

1. 〈7501 山〉〈商山四皓圖〉（圖 3-302）〔註307〕：遠景山壁自天空而下，中景三棵古松立於人物間，近景以重墨畫岩石，畫面幽靜深遠，和諧

〔註306〕　竇鎮：〈國朝書畫家筆錄〉，《清代傳記叢刊 082》，明文書局，年代不詳，136頁。

〔註307〕　〈商山四皓圖〉，120.2×68.3cm，北京故宮博物院藏，出自《癭瓢山人黃慎書畫集》。

疏朗與一般常見傳統山水畫氛圍較接近。款文「莫莫高山，深谷透
迤。嘩嘩紫芝，可以療飢。唐虞世遠，吾將安歸？駟馬高蓋，其憂甚
大。富貴之畏入圍，不若貧賤之肆志。乾隆辛巳三秋寫於翠華官舍，
寧化七五老人黃慎。」

2. 〈7502 山〉（圖 3-303）〔註 308〕：款文「蛟湖山下讀書人，乾隆辛巳
作於舒嘯齋，蛟湖癭瓢子寫。」

3. 〈4309 山〉（圖 3-304）〔註 309〕：此圖現藏日本，圖版雖不清楚，但
整體風格仍與前述相符，為現今黃慎有紀年較早之山水作品，款文
「雍正七年十一月作於美成草堂。」

4. 〈山 41〉（圖 3-305）〔註 310〕：款文「芳草青青送客歸，白門山色近
如何。明朝猶有故園思，燕子來時風雨多。」

圖 3-302
〈7501 山〉〈商山四皓圖〉

圖 3-303
〈7502 山〉〈蛟湖讀書圖〉

〔註 308〕 〈蛟湖讀書圖〉，242.4×113.2cm，上海博物館藏，出自《揚州畫派書畫全集·
黃慎》。

〔註 309〕 〈山水圖〉，出自《揚州八怪繪畫精品錄》。

〔註 310〕 〈山水人物圖〉，雲南省博物館藏，出自《揚州畫派書畫全集·黃慎》。

圖 3-304
〈4309 山〉〈山水圖〉

圖 3-305
〈山 41〉〈山水人物圖〉

5. 〈山 44〉（圖 3-306）〔註 311〕：款文「寒衣欲寄厚裝棉，節近重陽又一
年。怕上湖亭蕭瑟甚，漫天風雨卸秋蓮。」

6. 〈山 67〉（圖 3-307）〔註 312〕：款文「癭瓢子黃慎」。

7. 〈山 79〉（圖 3-308）〔註 313〕與〈山 64〉（圖 3-309）〔註 314〕二圖款文
皆爲「採茶深入麋鹿群，自剪荷衣漬綠雲。寄我峰頭三十六，消煩多
謝武夷君。」

〔註 311〕〈湖亭清話圖〉，161×75cm，廣州市美術館藏，出自《揚州畫派書畫全集・
黃慎》。

〔註 312〕〈攜琴訪友圖〉，161×75cm，上海博物館藏，出自《揚州畫派書畫全集・黃
慎》。

〔註 313〕〈採茶圖〉，出自中嘉 2008 春季拍賣會。

〔註 314〕〈採茶圖〉，285×103cm，出自北京華辰 2006 秋季拍賣會。

圖 3-306
〈山 44〉〈湖亭清話圖〉

圖 3-307
〈山 67〉〈攜琴訪友圖〉

圖 3-308　〈山 79〉〈採茶圖〉

圖 3-309　〈山 64〉〈採茶圖〉

8. 〈山 77〉（圖 3-310）〔註 315〕：繪一山壁自左立於畫面中央，前方二塊大石，無點景人物，純粹以山石爲表現題材，此作當屬孤例，以楷書款文「閩中黃慎寫」。

9. 〈3703 山〉（圖 3-311）〔註 316〕：此作款文將黃慎採藥圖式與夜雨寒潮圖式款文合併，款文落一「書」字，款文書法與山水畫法均不類黃慎，且黃慎始自雍正四年四十歲後始用瘦瓢爲名號，此作署名爲三十七歲所作，是否爲黃慎筆下之作，有很大問題。

10. 〈4306 山〉（圖 3-312）〔註 317〕〈松林書屋〉，此爲卷，爲上海博物館藏，款文「雍正七年八月寫，閩中黃慎」。

圖 3-310
〈山 77〉〈山水圖〉

圖 3-311
〈3703 山〉〈山水圖〉（疑）

〔註 315〕 〈山水圖〉，53×26cm，出自中國嘉德 2007 秋季拍賣會。
〔註 316〕 〈山水圖〉，166×93cm，出自博達 99 秋季拍賣會。
〔註 317〕 〈松林書屋圖〉，45.7×178.3cm，上海博物館藏，出自《中國古代書畫圖目五》。

圖 3-312 〈4306 山〉〈松林書屋圖〉

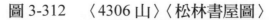

圖 3-313 〈7802 山〉〈桃花源圖〉

11.〈7802 山〉（圖 3-313）〔註 318〕：人物點景表現的極爲精彩，卷後黃
慎以草書題陶淵明《桃花源記》全文及《桃花源》詩，署「乾隆甲申
冬月錄，黃慎。」

（二）夜雨寒潮圖式

此類圖式多以米家山水的墨點組合，表現夜雨中漁夫或樵夫歸來之景，
款文以「夜雨寒潮憶敝廬，人生只合老樵漁。五湖收拾看花眼，歸去青山好
著書。」共有四件：

1.〈山 06〉（圖 3-314）〔註 319〕：爲扇面，筆墨簡要，以寫意爲之，以
小楷書款文，署「斯老二弟，癭瓢子慎。」

〔註 318〕〈桃花源圖〉，38×349cm，安徽省博物館藏，出自《揚州畫派書畫全集・黃
慎》。
〔註 319〕〈風雨歸舟圖〉，161×75cm，首都博物館藏。

圖 3-314　　〈山 06〉〈風雨歸舟圖〉

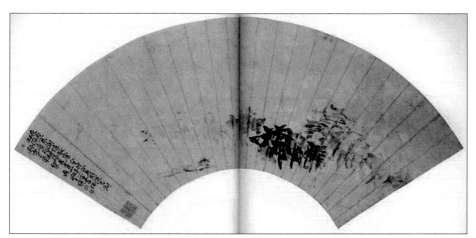

圖 3-315
〈山 65〉〈漁樵圖〉

圖 3-316
〈山 71〉〈雨窗夜讀〉（疑）

2. 〈山 65〉（圖 3-315）〔註 320〕：漁舟皆自畫面下方近景墨點樹叢中划出，署「黃慎。」

3. 〈山 71〉（圖 3-316）〔註 321〕與〈山 78〉（圖 3-317）〔註 322〕：二圖款文與〈山 65〉（圖 3-315）款文並置，優劣立見，遑論畫中墨點與線條組合之稚拙，二圖皆十分可疑。

（三）踏雪尋梅圖

此型圖式寫老翁騎驢踏雪尋梅之景，款文爲「騎驢踏雪爲詩探，送盡春風酒一顏。獨有梅花知我意，冷香猶可較江南。」者共有九件，構成雷同，老翁騎驢在前，隨從在後，自畫面右側崖壁出，正欲過橋或在橋上，橋左側多有梅樹二、三株，畫石法，多用較短的線條，背景用大面積的渲染，以表現雪景，各件作品分述如下：

1. 〈6804 山〉，〈7603 山〉及〈山 45〉：三作形式接近，如同前所述，〈6804 山〉（圖 3-318）〔註 323〕署「乾隆十九年春三月寫於邗上雙松堂。」〈7603 山〉（圖 3-319）〔註 324〕署「乾隆壬午秋七月，癭瓢子寫。」〈山 45〉（圖 3-320）〔註 325〕署「癭瓢。」

2. 〈7705 山〉（圖 3-321）〔註 326〕：橋爲石橋，橋左側梅樹較小，署「七十七叟，癭瓢。」

3. 〈山 74〉（圖 3-322）〔註 327〕：此作與前幾件作品，乍看十分接近，但梅樹畫法雜亂，山石略顯單薄，點景人物比例有失準確，款文書法亦差。

4. 〈6917 山〉（圖 3-323）〔註 328〕：爲橫幅，署「乾隆乙亥年三月寧化癭瓢子慎寫。」

〔註 320〕〈漁樵圖〉，235×102cm，出自中國嘉德 2006 秋季拍賣會。
〔註 321〕〈雨窗夜讀〉，156×85cm，出自佳港 2008 春季拍賣會。
〔註 322〕〈風雨歸樵〉，167×92cm，出自中貿聖佳 2009 秋季拍賣會。
〔註 323〕〈踏雪尋梅圖〉，209×60.5cm，北京故宮博物院藏，出自《癭瓢山人黃慎書畫集》。
〔註 324〕〈踏雪尋梅圖〉，170.7×91cm，廣東省博物館藏，出自《黃慎書畫集》。
〔註 325〕〈踏雪尋梅圖〉，189×115cm，廣州市美術館藏，出自《揚州畫派書畫全集·黃慎》。
〔註 326〕〈踏雪尋梅圖〉，192×111.6cm，榮寶齋藏，出自《揚州畫派書畫全集·黃慎》。
〔註 327〕〈踏雪尋梅圖〉，出自中國嘉德 2006 春季拍賣會。
〔註 328〕〈踏雪尋梅圖〉，93×147.5cm，出自北京瀚海 2005 春季拍賣會。

圖 3-317
〈山 78〉〈風雨歸樵〉（疑）

圖 3-318
〈6804 山〉〈踏雪尋梅圖〉

圖 3-319
〈7603 山〉〈踏雪尋梅圖〉

圖 3-320
〈山 45〉〈踏雪尋梅圖〉

圖 3-321
〈7705 山〉〈踏雪尋梅圖〉

圖 3-322
〈山 74〉〈踏雪尋梅圖〉（疑）

圖 3-323　　〈6917 山〉〈踏雪尋梅圖〉

5. 〈5601 山〉（圖 3-324）〔註 329〕：人物較近距離描寫，老翁頂上有一梅樹，人物與驢生動傳神，署「慎。」

6. 〈山 21〉及〈山 28〉：二圖皆為扇面，形式接近，皆以小楷題款。〈山21〉（圖 3-325）〔註 330〕署「寧化癭瓢慎。」〈山 28〉（圖 3-326）〔註 331〕署「寧化黃慎寫。」

圖 3-324　〈5601 山〉〈雪騎探梅圖〉

〔註 329〕 〈雪騎探梅圖〉，182×95cm，瀋陽故宮博物院館藏，出自《癭瓢山人黃慎書畫集》。

〔註 330〕 〈雪騎探梅圖〉，17.5×49.5cm，鎮江市博物館藏，出自《揚州畫派書畫全集‧黃慎》。

〔註 331〕 〈雪景圖〉，17.4×52.6cm，安徽省博物館藏，出自《揚州畫派書畫全集‧黃慎》。

圖 3-325　　〈山 21〉〈雪騎探梅圖〉

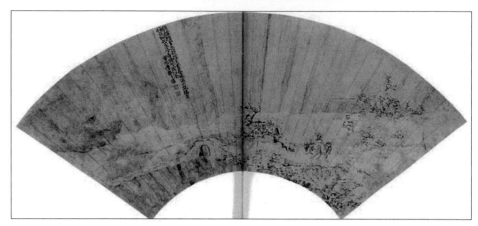

圖 3-326　　〈山 28〉〈雪景圖〉

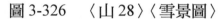

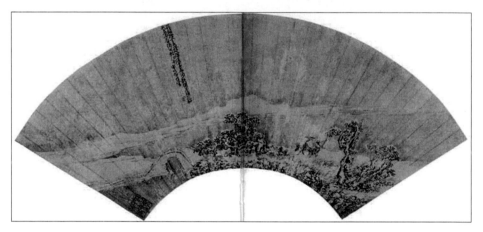

7. 〈6505 山〉（圖 3-327）〔註 332〕：為四屏，構圖形式與前述類同，款
　文「歲晚何人旨鄰，梅於我輩最親，南山盡是經行處，一雪不知多少
　春，先後花隨人意思，橫斜枝寫月精神。寒香嚼得成詩句，落紙雲煙
　行草眞。乾隆十六年小春月寫，寧化瘦瓢子愼」。

8. 〈5407-23 冊〉（圖 3-328）〔註 333〕：此書畫冊其中一件，形式與本類
　同，款文「此翁海上歸，萬里拂征衣。倚劍劃南嶽，策驢遊帝畿。到
　家釀秫酒，編荊護柴扉。冬日尋幽事，梅花入雪肥。」

〔註 332〕〈雪騎探梅圖〉，126×40.5cm，廣西壯族自治區博物館藏，出自《瘦瓢山人
　　　　黃愼書畫集》。
〔註 333〕〈閩嶠雪梅圖〉，30×24cm，山東濟南市博物館藏，出自《黃愼書畫集》。

圖 3-327 〈6505 山〉〈雪騎探梅圖〉

圖 3-328
〈5407-23 冊〉〈閩嶠雪梅圖〉

圖 3-329
〈5703 山〉〈踏雪尋梅圖〉

9. 〈5703 山〉（圖 3-329）〔註 334〕：人物較大，小童為兩人，以工筆表現款文「乾隆八年五月寫寧化美成草堂，閩中黃慎。」

10. 〈5705-6 冊〉（圖 3-330）〔註 335〕：類似本型圖式，以較遠距離描繪，款文「昨夜飛花苦不多，朝來起視白峩峩。一行衣帽風中去，半日關山雪裏過。乾隆八年秋七月寫於美成草堂，寧化黃慎。」

圖 3-330
〈5705-6 冊〉〈風雪行旅圖〉

圖 3-331
〈5705-2〉〈滄波釣艇圖〉

（四）江邊漁樵圖

以江邊漁翁題材創作之圖共有十件，多寫老漁翁在船上垂釣，船靠岸邊，岸上兩棵柳樹，柳樹前近景二石堆，多用重墨。

款文為「一臥滄波老釣徒，故人夜雨憶三足，大江東去成天塹，處處春山呼鷓鴣。」者有〈5705-2〉、〈山 27〉、〈山 39〉、〈山 75〉、〈山 76〉及〈山 68〉六件，〈5705-2〉（圖 3-331）〔註 336〕為小楷題款文。〈山 39〉（圖 3-332）

〔註 334〕〈踏雪尋梅圖〉，167×95.4cm，北京市文物商店藏，出自《中國名畫賞析 II》。
〔註 335〕〈風雪行旅圖〉，36.9×28.4cm，南京博物院藏，出自《黃慎書畫集》。
〔註 336〕〈滄波釣艇圖〉，36.9×28.4cm，南京博物院藏，出自《黃慎書畫集》。

〔註337〕為橫幅。〈山27〉（圖3-333）〔註338〕為扇面，以小楷題款。

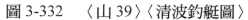

圖3-332　〈山39〉〈清波釣艇圖〉

圖3-333　〈山27〉〈柳岸泛舟圖〉

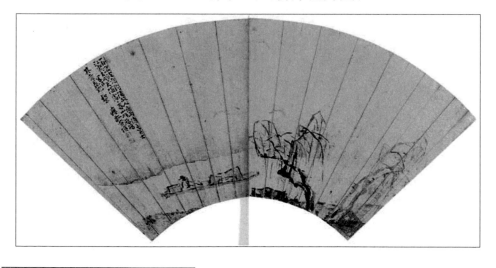

〔註337〕〈清波釣艇圖〉，62.5×83cm，天津市藝術博物館藏，出自《揚州畫派書畫全集・黃慎》。

〔註338〕〈柳岸泛舟圖〉，19×50.7cm，安徽省博物館藏，出自《揚州畫派書畫全集・黃慎》。

〈山 75〉（圖 3-334）〔註 339〕柳樹線條輕浮，石頭線條及勾染技法，均有可議之處，頗令人懷疑。〈山 68〉（圖 3-335）〔註 340〕與〈山 76〉（圖 3-336）〔註 341〕兩者構圖接近，惟柳樹表現手法不同。

〈山 38〉、〈山 72〉及〈山 07〉亦是與前述構成類似，〈山 38〉（圖 3-337）〔註 342〕是立軸，款文「籃內河魚換酒錢，蘆花被裏醉紅眠。每逢風雨不歸去，紅蓼灘頭泊釣船。慎」，〈山 72〉（圖 3-338）〔註 343〕為橫幅，柳樹在遠景，款文「寫得花開鴨嘴船，隋堤楊柳又含烟。歸來故國風光好，意君江南三十年。癭瓢。」

圖 3-334　　　　　　　　　　　　圖 3-335
〈山 75〉〈停棹清談圖〉（疑）　　　　〈山 68〉〈柳下泛舟圖〉

〔註 339〕　〈停棹清談圖〉，168.6×90.2cm，出自中國嘉德 2006 春季拍賣會。
〔註 340〕　〈柳下泛舟圖〉，廣州市美術館藏，出自《黃慎書畫集》。
〔註 341〕　〈春江獨釣圖〉，118×48.5cm，出自西泠印社 2007 秋季拍賣會。
〔註 342〕　〈蓼灘泊舟圖〉，203×59cm，天津市藝術博物館藏，出自《揚州畫派書畫全集・黃慎》。
〔註 343〕　〈歸來故國春光好〉，84×127.5cm，出自甄藏 98 春季拍賣會。

圖 3-336
〈山 76〉〈春江獨釣圖〉

圖 3-337
〈山 38〉〈蓼灘泊舟圖〉

圖 3-338　〈山 72〉〈歸來故國春光好〉

〈6201 山〉、〈6404 山〉、〈6405 山〉及〈6406 山〉四件作品皆爲扇面，寫江邊景色，黃慎晚期人物畫風大筆寫意較多，山水畫多工細畫法及寫生一類小寫意表現法。

〈6201 山〉（圖 3-339）〔註 344〕黃慎以極細膩筆調寫上下二排蘆葦，漁翁在中划船，畫面氛圍幽靜秀雅，款文「舉世沉酣者，獨醒有幾人？不須勤擊槳，賤賣石梁春。乾隆十三年立春日寫於潭陽署齋，寧化黃慎。」

〈6404 山〉（圖 3-340）〔註 345〕款文「噫吁戲！古有閩海之危巓。其下九瀧兮，險如黃河水決昆侖之東川。一瀧長鯨勢莫比，磨牙吞舟噴沫涎。馬瀧浪擊，雪山直走三門下，針穿隙竅擊深淵。篙師逆折劍鋒敵，巴子成之字鉤連。高岑寸碧粘天上，跌踢還疑坐鐵船。摳授楔瑜深藏影，山魈魍魅不敢前。大長波沖，恍然紫貝燃犀角，纜解黃龍騰踔飛。竹箭沛，舟瞬息，五霸天地皆昏黑。六瀧雷鼓瘦蛟爭，聲聞凄愴格鬥死。石進秋雨破天驚，宛轉射潮三千弩。勇當三萬七千五百之洗兵，頃刻鴻門峽外峰磨天。小長瀧過憶詩仙，想君風池清夢裏，讀君乃猶唱滄浪前。履險心夷神已恬，報君香瀧、安瀧意豁然。答銀臺雷翠庭之作，乾隆十五年秋七月圖，蛟湖癭瓢子慎」。

〈6406 山〉（圖 3-341）〔註 346〕款文「幾年存想洛陽橋，千里閩天驛路遙。今日打從橋上過，一泓海水正漂潮。百丈飛虹跨海長，凌空疑是赤城

圖 3-339　〈6201 山〉〈葦岸酒船圖〉

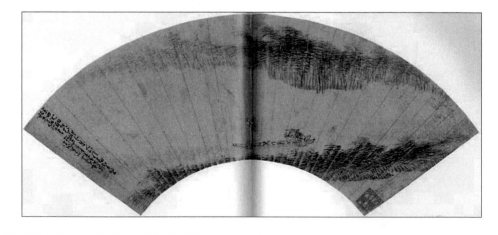

〔註 344〕〈葦岸酒船圖〉，15.7×50cm，安徽省博物館藏，出自《揚州畫派書畫全集‧黃慎》。
〔註 345〕〈九瀧行舟圖〉，首都博物館藏，出自《揚州畫派書畫全集‧黃慎》。
〔註 346〕〈萬安橋圖〉，17.6×53.5cm，江蘇鎮江市博物館藏。

圖 3-340　〈6404 山〉〈九瀧行舟圖〉

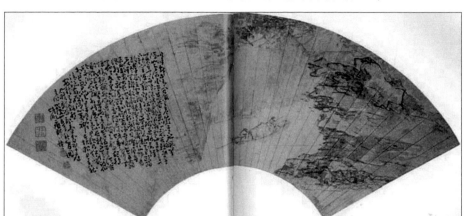

圖 3-341　〈6406 山〉〈萬安橋圖〉

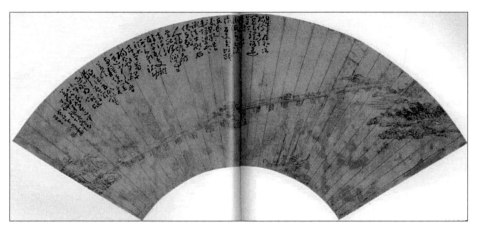

圖 3-342　〈6405 山〉〈九瀧纖舟圖〉

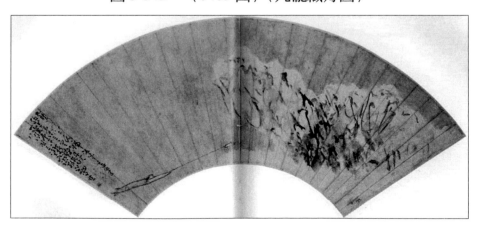

梁。寒潮洗出嶙嶙石,盡與鮫人摘蠣房。壘址深淵事亦奇,流傳醋字語支離。不知皇祐工程大,來讀莆陽太守碑。一道中分晉惠疆,憑欄萬頃正茫茫。五湖寶帶曾經過,那得婉蜒此許長。《萬安橋道中口號》鑒塘氏稿,寧化黃愼畫并書。」

〈6405 山〉(圖 3-342)〔註 347〕以寫意表現漁夫牽舟,款文「九瀧□……上劍津三三里,朝來乾隆庚午秋將跨海時,爲阿弟啓三涂此誌別,六十四叟愼。」

(五)山水書寫生冊

黃愼山水書畫冊大多是以寫生所繪,從創作時間看來,四十八歲到五十四歲較密集,作品中的構圖,取景及表現技法都頗爲接近,計有〈4809 冊〉、〈4904 冊〉、〈5002 冊〉、〈5102 冊〉、〈5202 冊〉及〈5407 冊〉,在技法上相當單純,在線條勾寫之外,施以淡墨或染淺色,取景幽靜但又令人感覺親切,與黃愼本圖式以寫生爲出發點創作有很大關係,依其構圖取景表現技法可分爲六型,依〈5407 冊〉中的作品名稱爲分類名:

1. 秋日皎湖圖式

此型作品,受倪雲林影響,多爲平遠山景,近景二、三棵雜樹,遠景一小山丘,黃愼表現不似倪氏山水空寂,共有〈4809 冊-3〉(圖 3-343)〔註 348〕、〈4809 冊-5〉(圖 3-344)〔註 349〕、〈4904 冊-3〉(圖 3-345)〔註 350〕、〈5202 冊-10〉(圖 3-346)〔註 351〕、〈5002 冊-8〉(圖 3-347)〔註 352〕、〈5102 冊-1〉(圖 3-348)〔註 353〕及〈5407 冊-11〉(圖 3-349)〔註 354〕。

〔註 347〕〈九瀧纖舟圖〉,首都博物館藏,出自《揚州畫派書畫全集・黃愼》。

〔註 348〕〈小姑行舟〉,31×43.5cm,廣東省博物館藏,出自《揚州畫派書畫全集・黃愼》。

〔註 349〕〈幽谷人家〉,31×43.5cm,廣東省博物館藏,出自《揚州畫派書畫全集・黃愼》。

〔註 350〕〈秋江古樹圖〉,27.9×44.5cm,北京故宮博物院藏,出自《揚州畫派書畫全集・黃愼》。

〔註 351〕〈驢儀行旅〉,日本京都泉屋博古館藏,出自《泉屋博古中國繪畫》。

〔註 352〕〈山水圖四〉,無錫市博物館藏,出自《黃愼書畫集》。

〔註 353〕〈秦淮秋色圖〉,33.5×24cm,廣東省博物館藏,出自《揚州畫派書畫全集・黃愼》。

〔註 354〕〈秋日蛟湖圖〉,30×24cm,山東濟南市博物館藏,出自《黃愼書畫集》。

圖 3-343
〈4809 冊-3〉〈小姑行舟〉

圖 3-344
〈4809 冊-5〉〈幽谷人家〉

圖 3-345
〈4904 冊-3〉〈秋江古樹圖〉

圖 3-346
〈5202 冊-10〉〈驢載行旅〉

圖 3-347
〈5002 冊-8〉〈山水圖四〉（疑）

圖 3-348
〈5102 冊-1〉〈秦淮秋色圖〉

圖 3-349
〈5407 冊-11〉〈秋日蛟湖圖〉

圖 3-350
〈5102 冊-9〉〈秋山古寺圖〉

2. 梅川翠洞圖式

　　此類圖式多為數個山巒重疊，前景為雜樹叢與江面，畫山石所用線條接近傳統山水皴法中的柳條皴，線條較長，有時以彎曲線皴法畫山頭，在黃慎山水寫生圖式中，此類皴法線條較長，其餘作品中較少見，有〈4809 冊-4〉（圖 3-351）〔註 355〕、〈4809 冊-7〉（圖 3-352）〔註 356〕、〈4904 冊-4〉（圖 3-353）〔註 357〕、〈5102 冊-9〉（圖 3-350）〔註 358〕及〈5407 冊-13〉（圖 3-354）〔註 359〕。

〔註 355〕　〈松門石鏡〉，31×43.5cm，廣東省博物館藏，出自《揚州畫派書畫全集‧黃慎》。
〔註 356〕　〈茅亭野渚〉，31×43.5cm，廣東省博物館藏，出自《揚州畫派書畫全集‧黃慎》。
〔註 357〕　〈江干書屋圖〉，27.9×44.5cm，北京故宮博物院藏，出自《揚州畫派書畫全集‧黃慎》。
〔註 358〕　〈秋山古寺圖〉，33.5×24cm，廣東省博物館藏，出自《揚州畫派書畫全集‧黃慎》。
〔註 359〕　〈梅川翠洞圖〉，30×24cm，山東濟南市博物館藏，出自《黃慎書畫集》。

圖 3-351　〈4809 冊-4〉〈松門石鏡〉

圖 3-352　〈4809 冊-7〉〈茅亭野渚〉

圖 3-353　〈4904 冊-4〉〈江干書屋圖〉

<table>
<tr><td>圖 3-354
〈5407 冊-13〉〈梅川翠洞圖〉</td><td>圖 3-355
〈5102 冊-4〉〈白門春思圖〉</td></tr>
</table>

3. 廣陵湖上

構圖多為江邊柳岸，柳岸據畫面右下一角，柳樹數叢，共有〈4809 冊
-8〉（圖 3-356）〔註 360〕、〈5102 冊-4〉（圖 3-355）〔註 361〕、〈4904 冊-2〉（圖
3-357）〔註 362〕、〈5202 冊-5〉（圖 3-358）〔註 363〕及〈5407 冊-5〉（圖 3-359）
〔註 364〕。

〔註 360〕 〈江廬雪岸〉，31×43.5cm，廣東省博物館藏，出自《揚州畫派書畫全集·黃
慎》。

〔註 361〕 〈白門春思圖〉，33.5×24cm，廣東省博物館藏，出自《揚州畫派書畫全集·
黃慎》。

〔註 362〕 〈柳岸棹舟圖〉，27.9×44.5cm，北京故宮博物院藏，出自《揚州畫派書畫全
集·黃慎》。

〔註 363〕 〈溪亭扁舟〉，日本京都泉屋博古館藏，出自《泉屋博古中國繪畫》。

〔註 364〕 〈廣陵湖上圖〉，30×24cm，山東濟南市博物館藏，出自《黃慎書畫集》。

圖 3-356
〈4809 冊-8〉〈江蘆雪岸〉

圖 3-357
〈4904 冊-2〉〈柳岸棹舟圖〉

圖 3-358　　〈5202 冊-5〉〈溪亭扁舟〉

圖 3-359
〈5407 冊-5〉〈廣陵湖上圖〉

圖 3-360
〈5002 冊-6〉〈山水圖二〉（疑）

4. 眺燕子城圖式

　　江邊巨岩在畫面右或左，江上數艘帆船，有〈4904 冊-5〉（圖 3-361）
〔註365〕、〈5002 冊-6〉（圖 3-360）〔註366〕、〈4809 冊-6〉（圖 3-362）〔註367〕、
及〈5407 冊-15〉（圖 3-363）〔註368〕。

圖 3-361　　〈4904 冊-5〉〈鄱湖飛帆圖〉

圖 3-362　　〈4809 冊-6〉〈溪山亭樹〉

〔註365〕〈鄱湖飛帆圖〉，27.9×44.5cm，北京故宮博物院藏，出自《揚州畫派書畫全
　　　　集・黃慎》。

〔註366〕〈山水圖二〉，無錫市博物館藏，出自《黃慎書畫集》。

〔註367〕〈溪山亭樹〉，31×43.5cm，廣東省博物館藏，出自《揚州畫派書畫全集・黃
　　　　慎》。

〔註368〕〈舟發鄱陽圖〉，30×24cm，山東濟南市博物館藏，出自《黃慎書畫集》。

圖 3-363
〈5407 冊-15〉〈舟發鄱陽圖〉

圖 3-364
〈5407 冊-21〉〈湖亭曉望圖〉

5. 寒山峽雨圖式

以米家山水法、墨點及渲染構成畫面主軸，線條所佔部分較少，計有〈4809 冊-2〉（圖 3-365）〔註369〕，〈4904 冊-6〉（圖 3-366）〔註370〕、〈5407 冊-21〉（圖 3-364）〔註371〕、〈5407 冊-3〉（圖 3-367）〔註372〕及〈5002 冊-7〉（圖 3-368）〔註373〕。

6. 騎驢探雪圖式

與前述所論及騎驢探雪形式相同，共有〈4809 冊-1〉（圖 3-369）〔註374〕、〈4904 冊-1〉（圖 3-370）〔註375〕，〈5002 冊-5〉（圖 3-371）〔註376〕及〈5202 冊-11〉（圖 3-372）〔註377〕。

〔註369〕　〈孤峰煙雨〉，31×43.5cm，廣東省博物館藏，出自《揚州畫派書畫全集·黃慎》。
〔註370〕　〈烟雨歸棹圖〉，27.9×44.5cm，北京故宮博物院藏，出自《揚州畫派書畫全集·黃慎》。
〔註371〕　〈湖亭曉望圖〉，30×24cm，山東濟南市博物館藏，出自《黃慎書畫集》。
〔註372〕　〈寒山峽雨圖〉，30×24cm，山東濟南市博物館藏，出自《黃慎書畫集》。
〔註373〕　〈山水圖三〉，無錫市博物館藏，出自《黃慎書畫集》。
〔註374〕　〈深山古刹〉，31×43.5cm，廣東省博物館藏，出自《揚州畫派書畫全集·黃慎》。
〔註375〕　〈雪溪策驢圖〉，27.9×44.5cm，北京故宮博物院藏，出自《揚州畫派書畫全集·黃慎》。
〔註376〕　〈山水圖一〉，無錫市博物館藏，出自《黃慎書畫集》。
〔註377〕　〈引驢登岸〉，日本京都泉屋博古館藏，出自《泉屋博古中國繪畫》。

圖 3-365　〈4809 冊-2〉〈孤峰煙雨〉

圖 3-366　〈4904 冊-6〉〈烟雨歸棹圖〉

圖 3-367
〈5407 冊-3〉〈寒山峽雨圖〉

圖 3-368
〈5002 冊-7〉〈山水圖三〉（疑）

圖 3-369　〈4809 冊-1〉〈深山古剎〉

圖 3-370　〈4904 冊-1〉〈雪溪策驢圖〉

圖 3-371　〈5002 冊-5〉〈山水圖一〉（疑）

圖 3-372 　〈5202 冊-11〉〈引驢登岸〉

黃慎山水畫特色：

1. 黃慎山水畫較少表現氣象雄偉的崇山峻嶺，而以平遠的丘陵景色居
   多，在寫生冊頁尤為顯著，受倪雲林影響，但無倪氏畫面空寂，與黃
   慎遊歷寫生福建至揚州一帶地形地貌有關。

2. 黃慎山水畫的點景人物特別傑出，根基於黃慎的厚實人物寫實能力，
   畫面中流露人與自然親近的關係。

第三節　書　法

　　清代康熙，雍正與乾隆三朝，康熙崇尚董其昌書法，乾隆頗好趙孟頫書
體，清前期籠罩在董趙書風下，科舉盛行的「館閣體」更加抑制書家的創造
力，黃慎不為時風所拘，重視傳統技法，又不為傳統所局限，在清代書法史
上，獨樹一格，頗富個性，表現出極強烈的個人書法面貌。

　　黃慎書法多以楷書與草書居多，純粹以書法作品與繪畫作品相比，顯
然書法作品創造量少了許多，許齊卓在《癭瓢山人小傳》中說「顧山人漫
不重惜畫，而常自矜其字與詩。」〔註378〕畫家自我珍惜與職業畫家的身分，
書名必為畫名所蓋，本節探討黃慎書法以繪畫作品題識款文及書法作品為
範圍。

〔註378〕黃慎著、丘幼宣點校：《揚州八怪詩文集　蛟湖詩鈔》，南京，江蘇美術出版
　　　　社出版，1987 年 8 月 1 日，16 頁。

一、楷書

　　黃慎楷書作品圖錄，目前筆者僅見得一件，〈楷書自作七絕〉〈書 52〉
[註379]（圖 3-373），其餘楷書皆在題畫詩款文出現，且多於五十七歲之前所
作，陳鼎於黃慎詩集《蛟湖詩鈔》序中論及：「己卯來寧化，知有黃山人癭
瓢……今且老矣。延與相見，年高而耳聾，與之言，不盡解，惟善笑而已。
目力不少衰，能作小楷字。」[註380] 己卯年，癭瓢山人七十三歲，眼力不退，
還能作小楷，可惜目前圖版未見此階段黃慎小楷作品，綜觀黃慎小楷，結體
橫扁寬綽，筆畫縱短橫長，點畫較短，字間茂密，無疑師法鍾繇小楷（圖
3-374）[註381]，與王寵模仿石刻磨損將字間筆畫拆開，筆畫連接處與轉折都
採分離方式，頗為類似，從題畫款文三十四歲小楷作品（圖 3-375）到五十七
歲間（圖 3-381）作品，黃慎小楷定型甚早，其間風格未有太多變化，始終維
持前文所描述的較古樸造型特色。

圖 3-373　〈書 52〉　　　　　圖 3-374　〈薦季直表〉局部

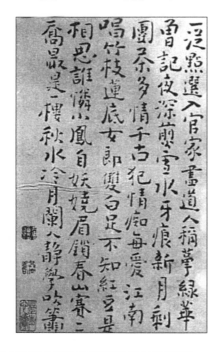 

〔註379〕〈楷書自作七絕〉，出自《揚州八怪書法印章選》。

〔註380〕黃慎著、丘幼宣點校：《揚州八怪詩文集　蛟湖詩鈔》，南京，江蘇美術出版
　　　　社出版，1987 年 8 月 1 日，3 頁。

〔註381〕〈薦季直表〉，出自《魏晉唐小楷》。

圖 3-375 〈3401-1〉款文

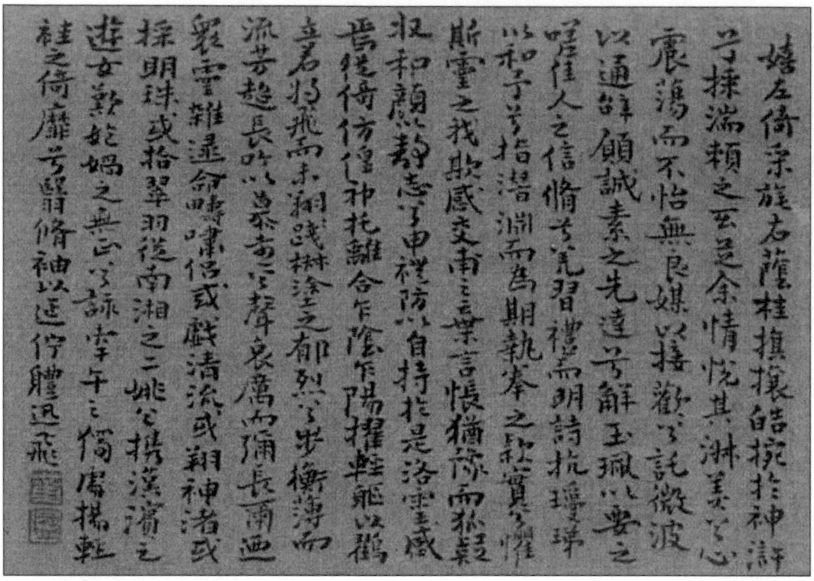

圖 3-376	圖 3-377	圖 3-378
〈4809 山-1〉款文	〈4904-7〉款文	〈5202-3〉款文

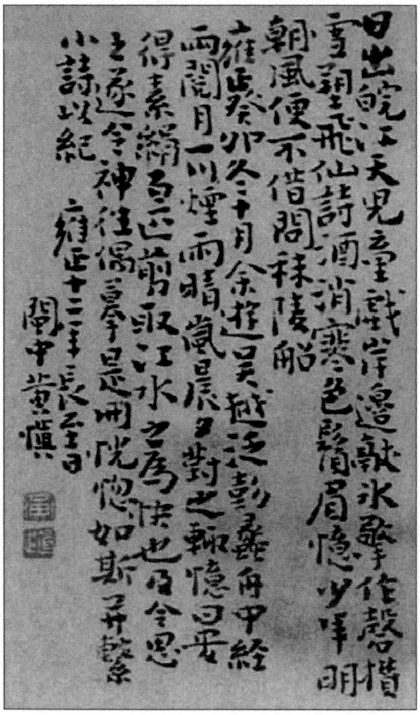

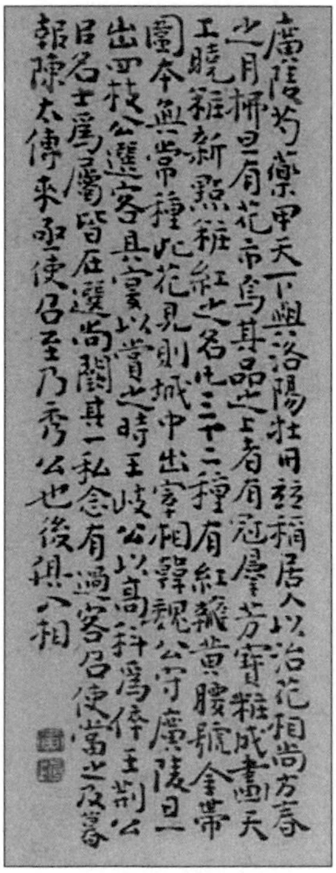

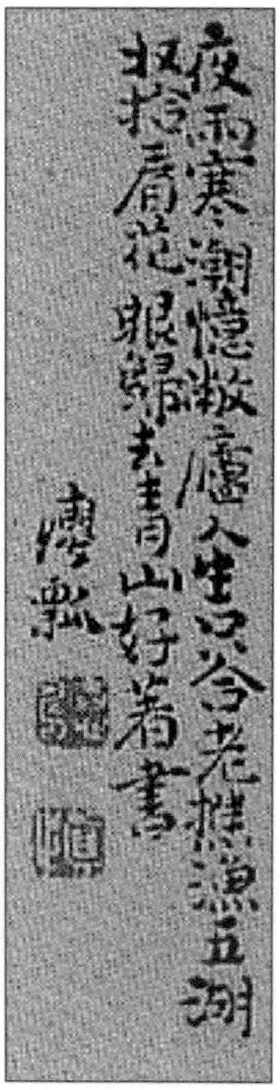

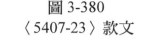

圖 3-379	圖 3-380	圖 3-381
〈5407-1〉款文	〈5407-23〉款文	〈5705-4〉款文

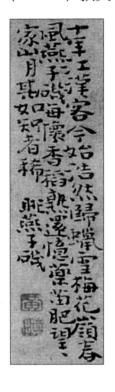 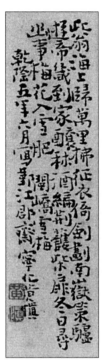 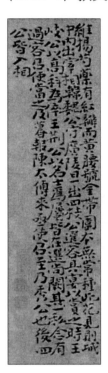

二、草書

　　歷來史論對黃慎草書的師法及特色評論較多，李玉棻在《甌鉢羅室書畫過目考》中說黃慎：

　　　　書宗懷素。〔註382〕

震鈞說：

　　　　書工草法，極古勁之致……書學懷素。〔註383〕

蔣寶齡在《墨林今話》提到黃慎：

　　　　師工草法，師二王極古勁之致。〔註384〕

〔註382〕李玉棻：《甌鉢羅室書畫過目考》，臺北，漢華文化事業股份有限公司出版，1971年2月，114頁。

〔註383〕震鈞輯：《國朝書人輯》，刊於《清代傳記叢刊》，明文書局出版，085～318頁。

〔註384〕蔣寶齡：《墨林今話》，刊於丘幼宣著：《一代畫聖黃慎研究》，福州，福建教育出版社出版，2002年9月，995頁。

竇鎮亦論及：

> 書法懷素，極有功力。〔註385〕

許齊卓說他：

> 已乃博觀名家書法，師其匠巧，又復縱橫其間，踔歷排奡，不名一家，不拘一格。〔註386〕

清涼道人：

> 凝思至廢寢食累月，偶見懷素草書眞跡，揣摩之久。行於市，忽然有悟，急借市肆紙筆作畫，拍案笑曰：「吾得知矣。」〔註387〕

從黃慎友人及同時代的論述，黃慎草書是先博採眾名家，後擇懷素爲宗，然孫過庭書譜的提按及祝允明的點畫應用亦有一定的影響。俞劍華在〈揚州八怪的承先啓後〉文中說：「黃慎的草書，遠師懷素，近師明人，也獨具風格，但是與他的畫一樣，風格並不甚高。」〔註388〕，劍華認爲黃慎書法具個人面貌，但風格不高，此風格不高之說，是指黃慎書法缺乏高古，缺乏含蓄，過於張揚，過於恣意？以下就黃慎草書結構、章法幾項特點說明：

（一）結構

1. 點畫借代

黃慎在草書結構中，用點來取代筆畫，將部分筆畫長度縮短爲點，將連綿的線條與點的組合形成對比，點會使畫面有小節奏的跳動感，使作品產生不同的視覺觀感（圖 3-382）。

2. 體勢特徵

黃慎草書單字結構與其楷書某些程度是呼應的，字形較寬綽或方正，筆畫之間緊密，非主筆的橫畫，刻意縮短，營造點的效果，讓字間更加茂密，此部分將點充份應用於畫面中，使點與較長筆畫形成對比效果，使黃慎書法作品有個人獨特風貌（圖 3-383）。

〔註385〕 竇鎮：《國朝書畫家筆錄》，刊於《清代傳記叢刊》，明文書局出版，082～136頁。

〔註386〕 黃慎著、丘幼宣點校：《揚州八怪詩文集　蛟湖詩鈔》，南京，江蘇美術出版社出版，1987 年 8 月 1 日，16 頁。

〔註387〕 清涼道人：《聽雨軒筆記》，刊於丘幼宣著：《一代畫聖黃慎研究》，992 頁。

〔註388〕 俞劍華：〈揚州八怪的承先啓後〉，刊於鄭奇、黃淑成主編：《揚州八怪評論集——當代部分》，南京，江蘇美術出版社出版，1989 年 6 月，36 頁。

圖 3-382

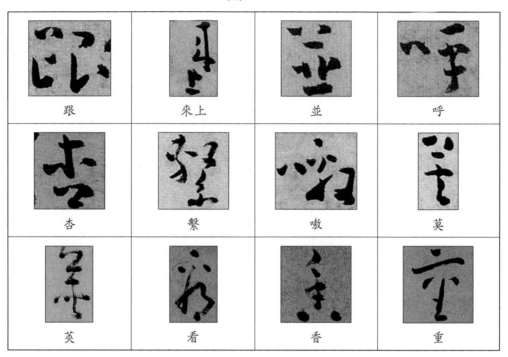

跟	來上	並	呼
杏	繫	嗽	莫
英	看	香	重

圖 3-383

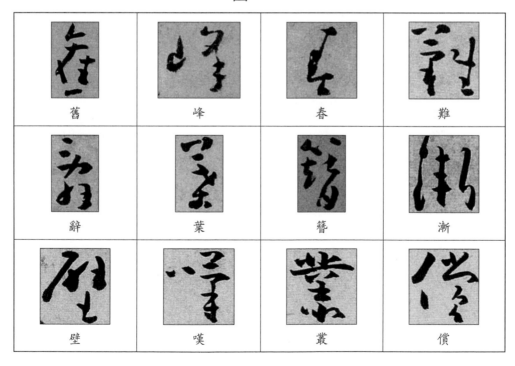

舊	峰	春	難
辭	葉	籬	漸
壁	嘆	叢	償

（二）章法

　　章法是指書法作品佈局構想，亦是古人所說的「分間布白」，章法構成的基本原則是以黑色線條在白色宣紙上排列組合，以行或列的形式呈現，蔣和在《學書雜論》中所言：「布白有三：字中之布白，逐字之布白，行間之布白。初學皆須停勻，既知停勻，則求變化，斜正疏密錯落其間。」〔註389〕是所謂筆畫間構成，單字與單字間構成，乃至行與行間構成為章法布局之要，以下就單字間構成與行間構成論黃慎草書章法：

1. 單字間實連

　　在黃慎草書中，單字與單字間連接有兩種，一為實連，一為虛連。所謂實連，即上一字的末筆畫連接到下一字的起筆，線條實而不斷，其連接的弧線長短及角度會形成切割畫面不同的效果（圖 3-384），有部份會將上字筆畫拆解與下字相連，產生似斷而連，似連實斷的不同單字與單字相連組合效果（圖 3-385）。

2. 單字間虛連

　　單字與單字間虛連，在歷來草書作品構成表現應用頗多，而黃慎亦是。虛連，即上一字末筆畫與下一字起筆的連接線條虛連不斷，加以提按輕重的變化，筆畫之間虛實相應，增加單字間氣韻統合與單字間實連並用，可使作品中虛實輕重變化更為多端（圖 3-386）。

圖 3-384

| 新舊 | 每憶 | 坐花 |

〔註389〕季伏昆編：《中國書論輯要》，南京，江蘇美術出版社，2000 年 12 月，300 頁。

無幾　　　　　瘦盡　　　　　閣何

圖 3-385

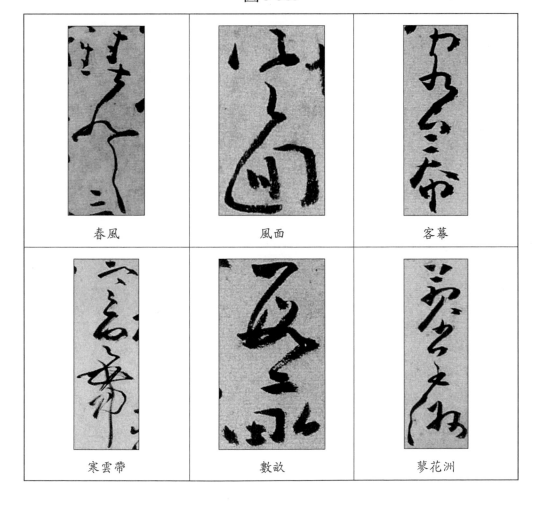

春風　　　　　風面　　　　　客幕

寒雲帶　　　　數畝　　　　　蓼花洲

圖 3-386

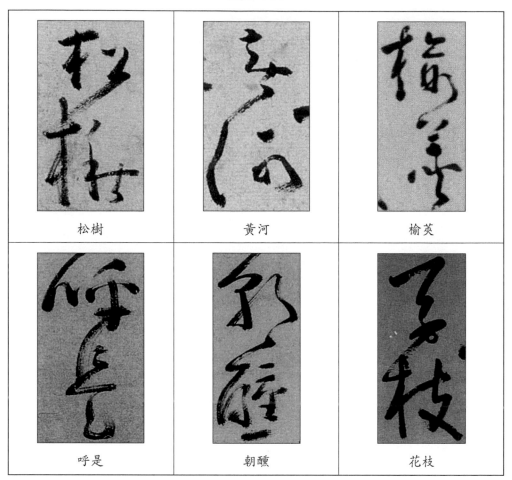

松樹	黃河	榆英
呼是	朝醺	花枝

3. 行間構成

　　黃愼草書章法，以行中軸線論，條幅式的作品中軸線較一致，左右擺盪情形較少，行距亦較寬（圖 3-387～圖 3-389）；冊頁式的作品，行與行間距離較前者緊密，其至會有 5407 冊（圖 3-390～圖 3-391）頗似無行無列式的作品。

　　黃愼同鄉雷鋐在《蛟湖詩鈔》序中論其書法：「其字亦如疏影橫斜，蒼藤盤結。然則，謂山人詩中有畫也，可；字中有畫亦可。」〔註390〕，「疏影橫斜，蒼藤盤結」頗為中肯為黃愼書法藝術下一註解。今人桑瑜在〈黃愼的書畫和

〔註390〕黃愼著、丘幼宣點校：《揚州八怪詩文集　蛟湖詩鈔》，南京，江蘇美術出版社出版，1987 年 8 月 1 日，7 頁。

瘿瓢〉一文中論及：

> 在繪畫史上題畫以狂草能與所作畫面協調的，青藤、白陽而後唯黃
> 慎；狂草的書法，祝允明、王覺斯而後黃慎。遍觀歷代草書名家，
> 能如黃慎所作這樣情趣如化而臻化境者，殊不多見。〔註391〕

圖 3-387　〈書 12〉　　圖 3-388　〈書 20〉　　圖 3-389　〈書 24〉
　　　　〈草書七律〉　　　　　　〈草書五律〉　　　　　　〈草書七律〉

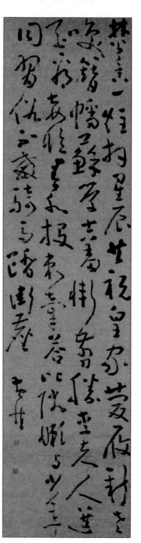

〔註391〕桑瑜：〈黃慎的書畫和瘿瓢〉，刊於丘幼宣著：《一代畫聖黃慎研究》，福州，
　　　　福建教育出版社出版，2002 年 9 月，1041 頁。

圖 3-390 〈5407 冊-14〉　　圖 3-391 〈5407 冊-22〉

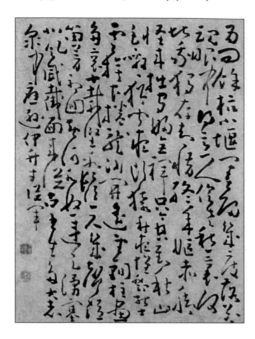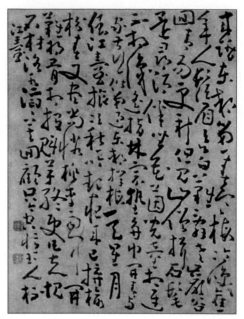

　　黃慎作為一職業畫家,將繪畫構圖佈局用於草書構成之中,是可以預見的,用繪畫中的避讓虛實,處理草書單字結構的疏密輕重,佈局中的強弱變化,如清涼道人謂黃慎:「書法縱橫,酷似其畫」〔註392〕,友人雷鋐說黃慎書法:「字中有畫也」〔註393〕,這也是畫家書法的重要特徵。歷來狂草大家如張旭、懷素用筆皆如狂風驟雨,飛舞奔放,而黃慎草書作品與張旭、懷素、祝允明等草書大家相比,黃慎較明顯的是,用筆頓挫應用較多,點在畫面中出現較頻繁,此類用筆頓挫與點畫應用,易使畫面在連綿不絕的筆畫線條中,所產生視覺快速節奏感,形成停頓,造成另一類畫面節奏意趣,此是黃慎書法作品具有個人面貌的重要因素。要論黃慎書法與祝枝山,王鐸明清大家比肩抗行,筆者是不贊同,黃慎書法面目較單一,不如祝允明與王覺斯樣貌多端,但將黃慎書法放至明清書法史中,以其獨特的意趣,佔有一席之地,當是無庸置疑。

〔註392〕清涼道人:《聽雨軒筆記》,刊於丘幼宣著:《一代畫聖黃慎研究》,992 頁。
〔註393〕黃慎著、丘幼宣點校:《揚州八怪詩文集　蛟湖詩鈔》,南京,江蘇美術出版社出版,1987 年 8 月 1 日,7 頁。